animal de silêncios

JAIME LABASTIDA

animal de silêncios

*Antologia
Poética*

BILÍNGÜE

Tradução de Hermenegildo José Bastos

Ateliê Editorial

Copyright © 2002 Jaime Labastida

Direitos reservados e protegidos pela Lei 9.610 de 19.02.1998.
É proibida a reprodução total ou parcial sem autorização,
por escrito, da editora ou do autor.

Esta obra foi traduzida com o incentivo do Programa de Apoio à Tradução
de Obras Mexicanas para Línguas Estrangeiras (El ProTrad) patrocinado
pela Secretaria de Relações Exteriores e pelo Fundo Nacional
para a Cultura e as Artes do México.

Dados Internacionais de Catalogação na Publicação (CIP)
(Câmara Brasileira do Livro, SP, Brasil)

Labastida, Jaime
    Animal de silêncios: antologia poética/Jaime Labastida; tradução
de Hermenegildo José Bastos. – São Paulo: Ateliê Editorial, 2002.

    Título original: Animal de silencios.
    Edição Bilíngüe.
    ISBN: 85-7480-000-0

    1. Poesia mexicana I. Título.

02-3516   CDD-m861

Índices para catálogo sistemático:

1. Poesia: Século 20: Literatura mexicana   m861
2. Século 20: Poesia: Literatura mexicana   m861

Direitos reservados à
ATELIÊ EDITORIAL
Rua Manuel Pereira Leite, 15
06709-280 – Granja Viana – Cotia – SP
Telefax: (0--11) 4612-9666
www.atelie.com.br
e-mail: atelie_editorial@uol.com.br

Printed in Brazil 2002
Foi feito depósito legal

Sumário

Prefácio	9	Jorge Ruedas de la Serna
Genealogía Terrestre	18-19	Genealogia terrestre
Dialecto y Quemadura	24-25	Dialeto e Queimadura
Como Dura Puerta	26-27	Como Dura Porta
Luz Detenida	28-29	Luz Retida
Afrodita en el Polvo	30-31	Afrodite no Pó
Despierta la Ciudad	34-35	Desperta a Cidade
A la Intemperie	40-41	À Intempérie
Letanía Bélica por la Paz	46-47	Litania Bélica pela Paz
El Caos o Restos, Temblores, Iras	50-51	O caos, ou restos, tremores, iras
Papel Borrado	56-57	Papel apagado
Luz	60-61	Luz
En el Centro del Año	64-65	No meio do ano
Aguja en el Pajar	68-69	Agulha no palheiro
Orden	74-75	Ordem
Zoología en Extinción	78-79	Zoologia em extinção
Piel	86-87	Pele
Plenitud del Tiempo	90-91	Plenitude no tempo
Voces	98-99	Vozes
Llamas	106-107	Chamas
Viajes	112-113	Viagens
Horas	126-127	Horas
Amanecer	134-135	Amanhecer

Fuego	140 - 141	Fogo
Solsticio	144 - 145	Solstício
Sueños	150 - 151	Sonhos
Dominio de la Tarde	184 - 185	Domínio da tarde
Las Cuatro Estaciones	200 - 201	As quatro estações

PREFÁCIO
Jorge Ruedas de la Serna

> *Tu te apoderaste de meu coração*
> *como o sol foi devorado*
> *por um mar de bronze...*

A palavra *coração*, símbolo universal do centro sagrado da vida, da vida sensível do ser humano, ninho figurado dos sentimentos do amor e da dor, adquire, na poesia de Jaime Labastida, um sentido novo, inédito, como imagem sincrética em que se fundem as duas dimensões do conhecimento do mundo: o conhecimento da natureza e o conhecimento da mente humana, um tributário da razão, e o outro, da alma. Esses sentidos, "exteriores" e "interiores", se amalgamam em uma percepção única, aglutinadora, compacta, incandescente, do mundo e do homem. O *coração*, na poesia de Jaime Labastida, é *co-razão*.

E é assim, justamente, que o poeta busca sua verdade, uma verdade particular, verdade nascida de sua experiência vital, com a morte, com os sonhos, com a justiça e a injustiça, com sua contemplação da extinção gradual da vida no planeta. Uma verdade que, como toda grande verdade poética, não apenas pela razão, mas também por clarividência, aspira aos universais. "Mutilem-me a mão se lhes minto", diz ele. Leia-se, a mão criadora, a mão que dá forma ao poema, que imprime a palavra certa, que, entre as gretas da razão, é movida por outro, nascido sombra, desde as obscuridades da alma, que lhe ordena apagar, cortar, ou acrescentar aqui e ali essa palavra plena de mistério que a consciência interpela e não compreende:

Uma mão me dita, cega,
quanto tenho de apagar. Por detrás
de mim mesmo, um olho manco, ou mudo,
ou sem resposta, dá-lhe forma
a minha angústia...

Dar forma à angústia, converter essa angústia pessoal, essa angústia ontológica, em imagem universal e polissêmica é o que faz o poeta; e esse "olho manco", que se serve da mão, do hu-mano, esse "olho mudo", que dita ao poeta – este enfim apenas um instrumento perecível de um eu profundo e eterno – é o canto milenar em que se armoniza o movimento cósmico, do mundo exterior, com as profundidades ctnônicas do inconsciente. E é por fim isso: que na grande poesia a forma não é artifício, mas expressão profunda e autêntica do ser:

O que importa
é um ritmo. Tu te fixarás apenas
no acento exato, na sílaba
sexta, a adônica, sibilante, ou a sáfica,
a heróica, nas letras desnudas
palatais. E o mundo, então?

E o mundo, então? – pergunta-se, desde a expressão exata, cardinal da poesia: onde fica ao fim o mundo? Voltando então do delírio cósmico para a realidade concreta, à terra injusta e lacerante em que habita o homem, à terra dissecada, salitrosa, a este mundo de extermínio desta "zoologia em extinção". Esse mundo está presente no sentido implícito e profundo do poema:

Uma gardênia subterrânea se derrama
na página e seu perfume esboça
no poema um estranho marfim,
com sangue e unhas.

No horizonte da poesia mexicana contemporânea, que se debateu por gerações inteiras e, em grande medida, ainda se debate, entre um esteticismo evasionista e um engajamento tacanho, a poesia de Jaime Labastida alça-se com asas poderosas, solitária em seu vôo e magnífica. Dentre todos os poetas mexicanos, ele é, ao meu ver, o que mais se aproxima da grande poesia brasileira do século XX, por exemplo, de Carlos Drummond de Andrade. A mesma tendência universalista fincada, ao mesmo tempo, na realidade concreta do mundo e de sua terra. O mesmo toque de sutil e lacerante ironia. Essa inteligência livre, submetida pelas palpitações do coração. O fluir das palavras como catarata, pródiga de metáforas que encrespam a superfície de uma corrente em incessante movimento, de um leito que termina e se detém onde não há nada, sem moralismos, sem última palavra, como a vida mesma. Alguns versos recordam-me particularmente Drummond:

> Só está vivo um cão morto
> e mais além de seus latidos,
> mas aquém das vozes cortesãs
> e do trigo que nasce em pães sem aroma,
> um povo sai
> de um terrível estuário de silêncios.

Recorda-me também a Drummond na precisão matemática de seus versos, e por isso entendo, não uma monotonia, mas a perfeição das evoluções que se executam com a exatidão de um exercício de ginástica, em que todos os movimentos, de tão perfeitos, são tão naturais, como se diria de um desfile de carnaval, que leva implícita a graça do ritmo que nasce da alma. Escreve Labastida: "O ritmo, a precisão, a dança pura: nenhum corpo se rebaixa mais do que o limite que lhe foi assinalado". Porque certamente, como se disse, esse ritmo profundo, esse balanço, diriam os brasileiros, é tão profundo, como uma espécie de comunhão cósmica, essa sinfonia "inaudível" do firmamento que os pré-socráticos ouviam, e que só alguns poetas privilegiados, ou os povos verdadeiramente místicos, costumam escutar: " A música inaudível dos céus acompanha os planetas nessa viagem, enquanto o Sol escreve, com sua melena espessa e o tremor absoluto de seu fogo, em um quício do mundo, esse instante de graça que brota da garganta do mundo".

Esses instantes de graça eram motivo de reflexão na época da grande filosofia, em que os filósofos eram sobretudo poetas, esses dos quais Labastida é um herdeiro legítimo. Filosofia anterior à dos "pobres rapazes", soberbos, incapazes de ver com a retina noturna do poeta. Escreve ele: "Soube assim que havia muito mais coisas entre o céu e a Terra, mais coisas que a vaga filosofia daqueles rapazes ignorava...".

A poesia é talvez o último reduto do sagrado na sociedade moderna e, por isso mesmo, é revelação do destino imanente da vida histórica. Não foi sem dúvida por acaso que Labastida concebeu e escreveu um dos seus grandes poemas no Brasil, em São Paulo, entre 5 e 15 de junho de 1980, "As Quatro Estações", um poema de estrutura complexa, geométrico, traçado sobre os quatro elementos primários do mundo que deram forma a todas as mitologias: a água, a terra, o vento e o fogo, e que se vinculam aos símbolos sagrados da teogonia náhuatl, como o próprio autor explicou na primeira edição do poema: "o peixe, cipactli; a serpente, cóatl; o tigre, océlotl; a águia, cuauhtli; e a lenda dos sóis". Para o verão, nesse poema, representado pela selva e o radiante meio-dia, o Brasil imprimiu no poeta sua imagem poderosa:

> Afundo o machado nestes troncos
> duros e emana a borracha como a memória,

com essa mesma obstinação, ferida.
O futuro se recorda da dança.
A cicatriz fugaz, a corda tensa,
o tucano que pressagia a tessitura posterior do canto.
Há aqui um tempo que é memória
de um tempo por vir, por sempre ido.

A Metáfora

O poeta-filósofo serve-se da palavra com extremo rigor. A metáfora nele não é artifício, mas um recurso para dar profundidade e plenitude ao conceito. Consegue, com ela, iluminar esse lado obscuro, oculto das coisas, que nem o narrador nem o ensaísta conseguem explorar e muito menos comunicar. É como se, através da poesia, e somente através dela, se pudesse vislumbrar uma supraracionalidade do mundo e do universo, de cujos signos herméticos não pode dar conta a unidimensionalidade da mente humana, nem o mais sofisticado cálculo matemático. Daí que este poeta conceptista se aproprie modernamente da agudeza, que foi no século XVIII, uma das formas mais penetrantes de revelar nossa diferente visão do mundo. A ciência não conseguiu construir, mas apenas enriquecer, nossa visão poética: "enquanto os abutres, essas tumbas aladas, devoravam a carne jovem do guerreiro, convertida em carniça". Não é gratuito, por isso mesmo, que Francisco de Quevedo seja uma de suas referências fundamentais: "Por isto escrevo. Porque sou apenas pó enamorado e me digo que o pó que cai das estrelas na Terra é também, oh! maravilha, um pó enamorado". O "pó enamorado", do imortal soneto de Quevedo, aludia à humana condição da morte. "O homem é pó, vivo ou morto, pó: os vivos, pó levantado; os mortos, pó caído", escreveu o grande pregador jesuíta Antônio Vieira: "Estátua de Nabuco: ouro, prata, bronze, ferro, lustre, riqueza, fama, poder: lembra-te que tudo há de cair de um golpe, e então se verá o que agora não queremos ver, que tudo é pó, e pó de terra"[1]. E o "polvo enamorado" de Labastida não é o da transcendência da alma cristã, que frente à riqueza enganosa da matéria, recorda-se da "quarta-feira de cinzas", quando termina a glória transgressora do carnaval, mas, pelo contrário, o pó da riqueza da matéria que nos lembra de que somos uma partícula desse pó estelar, movido incessantemente por um amor superior que faz o milagre das mutações genéticas do universo; o amor, como um valor agregado à matéria, do qual o amor humano é apenas um modesto indício. Esse amor cósmico é algo tão brutal e impensável para os pobres filósofos que só o poeta pode intuir: "De lá, do céu, haverá de cair sobre nós a Cinza, o pesado pó estelar. Também esse pó terá de ser um pó enamorado?" Por isso a visão poética de Labastida é um questionamento profundo da visão positivista do mundo que hoje cerceia sem misericórdia a percepção do homem em relação à Natureza. Recordo-me das advertências de Goethe quando ele via que as Ciências da Natureza se afastavam, cada vez mais, do estudo da mente humana. Ele escrevia:

E, por último, quem pode dizer que está se comportando sempre de modo científico na região mais alta da consciência, onde se considera o que é externo com a maior cautela, com atenção decidida e silenciosa, onde, ao mesmo tempo, se deixa atuar a própria interioridade com inteligente precaução, com modesta previsão, na paciente esperança de uma intuição verdadeiramente harmônica e pura? O mundo, nós mesmos, não perturbamos, talvez, estes momentos?

Sem dúvida, é-nos lícito nutrir piedosos desejos, e não nos é proibido tratar de aproximarmo-nos, cheios de amor, do que é inalcançável[2].

1. Pe. Antonio Vieira."Sermão de Quarta-Feira de Cinza", *Os Sermões*, seleção com ensaio crítico de Jamil Almansur Haddad, São Paulo, Melhoramentos, 1963, pp. 205-219.
2. Johan Wolfgang von Goethe."Un Afortunado Acontecimiento", em: *Teoría de la Naturaleza. Estudio*

Não há outras palavras para definir melhor a poesia de Jaime Labastida. Essa "paciente esperança de uma intuição verdadeiramente harmônica e pura" é o que faltou à pragmática ocidental que Goethe questiona profundamente e que, como ele previu, está acabando por destruir a Natureza, da qual o ser humano é parte indissolúvel. Escreve Labastida:

Na árvore de prata, a seiva ascende com toda exatidão,
da raiz à folha mais remota. Só eu permaneço, sem saber
que caminho tomar, sentado aqui, oscilante, na cruz dos
ventos. Feliz a árvore, que nunca faz perguntas.

O homem – diz Goethe – conhece a si mesmo na medida em que conhece o mundo. Do mundo toma consciência só em si mesmo, e só toma consciência de si mesmo no mundo. Cada objeto novo, bem contemplado, inaugura em nós um novo órgão. [3]

Não se pode formular de modo mais objetivo a vinculação entre a consciência do homem e a natureza. Assim, a separação artificial entre o conhecimento "científico" (as ciências da natureza) e o conhecimento "humanista" (as ciências humanas) foi a principal responsável pelo divórcio do homem com a natureza e, conseqüentemente, por toda a violência exercida contra esta, pois o ser humano deixou de conceber-se como parte inseparável dela. E é precisamente esta a interrogação formulada por Labastida: "Mas se eu formo parte do mundo, o mundo não pode ser descrito também neste espelho? A crueldade, o pensamento, a linguagem,

---

Preliminar, traducción y notas de Diego Sánchez Meca, Madrid, Editorial Tecnos, S. A. (Colección Clásicos del Pensamiento), pp. 106-107.

3. Goethe, *op. cit.*

o amor, as vozes de todos os idiomas formarão parte do universo sensorial?"

O Compromisso

Quando o poeta Labastida escreve "Eu jogo na mesa da vida o dado do acaso, me comprometo", esse compromisso é omnilateral, como havia de ser a luta pela desalienação do ser humano conforme formulada pelo jovem Marx. Frente a tanta perturbação, estranho no mundo, como posso ser eu um homem justo? – pergunta-se o poeta. A injustiça e a crueldade impostas na vida social são também atributos da vida natural? "Feliz a árvore, que nunca faz perguntas. Feliz o animal, que nunca se interroga. Ainda mais feliz a pedra, porque não sente", escreve Labastida parodiando aqueles alexandrinos de Rubén Dario:

> Feliz a árvore que é apenas sensitiva,
> e mais ainda a pedra dura porque não sente,
> pois não há dor maior que a dor de ser vivo,
> nem maior desgosto que a vida consciente..."[4]

E a angústia renasce pela vida consciente. Em meio à tanta calamidade, pode ser o poeta um homem justo?

A profunda inconsciência da vida social fez do homem um ser incapaz de reconciliar-se com seus semelhantes, com o mundo e consigo mesmo. Não pode sequer reconhecer-se no produto de seu trabalho. Valores alheios a sua vontade o fazem estranho no mundo. A linguagem mesma, que é a mais alta criação do homem, lhe é opressiva. Contudo, escreve o poeta:

---

4. Rubén Dario, "Lo Fatal". Cantos de Vida y Esperanza. Los Cisnes y Otros Poemas (1905).

[...] nada é mais formoso para o ouvido humano que a palavra. Nem o canto do cisne quando dizem que morre, nem o trinado do Cenzontle abandonado pela ave amada, que voa enlouquecida, nem a corda tensa daquele arco na noite, nem a música eterna, isto é, o silêncio de todas as estrelas, nem sequer o som silencioso da órbitas cegas de todos os planetas, nem as matemáticas celestes, nem o lento palpitar do coração da mulher que amamos e sobre a qual descansamos a cabeça, nada, nada, em verdade, nada no universo se compara ao deleite que nos dá a palavra, tanto a voz que vai pelo ar quanto a que se coagula, escrita, música pura e viva, quando escuto os mortos meus olhos. O que resta em meu caminho e na rota que outros homens perseguem?

E é aí, porque o poeta possui como ninguém esse precioso instrumento, que não lhe pode ser arrebatado pela mísera mais-valia do poder, que se afirma seu compromisso com a mais alta poesia.

Genealogía Terrestre

No es falso lo que hablo,
mutílenme la mano si les miento.

Sé que no soy el libre de pecado:
estoy ennegrecido de ruindad,
sucio de odio;
estoy así, harapo de maldad.
La pureza no es el atributo de mi carne.
Mis manos de limosna están cruzadas por látigos de culpa.
Barro yo, arcilla mi memoria,
fango de alcantarilla en que me muevo.
Soy un vacío ensamble de cenizas.
Soy un cuerpo por anciano turbio.
Quiero que todo me suceda.
Pienso que es la hora de vivir.
Pienso que es la hora de no esperar ninguna hora.
Yo el sin piel, el sin pellejo.

Reconozco mi terrestre condición,
mas en vez de llorar y sufrir,
vivo la vida en tercos remolinos.

Genealogia Terrestre

Não é falso o que digo,
mutilem-me a mão se lhes minto.

Sei que não sou o sem pecado,
estou enegrecido de ruindade,
sujo de rancor;
estou assim, farrapo de maldade.
A pureza não é o atributo de minha carne.
Minhas mãos de esmola estão cruzadas por açoites de culpa.
Eu barro, argila minha memória,
lama do esgoto em que me agito.
Sou um encaixe oco de cinzas.
Sou um corpo turvo de velhice.
Quero que tudo me aconteça.
Penso que é a hora de viver.
Penso que é a hora de esperar nenhuma hora.
Eu o sem pele, o sem couro.

Reconheço minha condição terrestre,
mas em vez de chorar e sofrer,
vivo a vida em redemoinhos de teima.

Tal vez no sepa nada.
Saber es recordar y yo no vivo de recuerdos.

Ahora deseo tan sólo que cuando muera yo,
quede siquiera un amigo que recuerde y sonría, y diga:
su balbuceante latigar fue de hombre.

No es tiempo de reír.
La espalda de este país hecho cadáver,
y azul ya de tan muerto,
resuma de gusanos.
Insisto en que no es tiempo de reír.
Hay un hato de borregos que espera la navaja
cruel del capador.
Y digo, por fin:
¡Opresores de pueblos, hijos de la llama del carbón,
para ustedes no habrá misericordia!
Día llegará en que la luz galope.
Porque todo lo que digo existe,
porque todo es verdad y nada invento.
Día llegará en que triunfen mis dioses ancestrales:
la mariposa de navajas que rasga corazones,
los bebedores de la noche que humean en los espejos,
los murciélagos que huyeron del guacamayo, vástago del sol,
los hombres comidos por los tigres,
los hombres zarandeados por el viento,

Talvez não saiba nada.
Saber é recordar e eu não vivo de recordações.

Agora desejo apenas que quando eu morra
haja ao menos um amigo que recorde e sorria, e diga:
seu chicotear de balbuceios foi de homem.

Não é tempo de rir.
O dorso deste país feito cadáver,
e azul de tão morto,
abreviado de vermes.
Insisto em que já não é tempo de rir.
Há um rebanho de bezerros à espera da navalha
cruel do castrador.
E digo por fim:
opressores de povos, filhos da chama do carvão,
para vocês não haverá misericórdia.
Dia haverá em que a luz galope.
Porque tudo o que digo existe,
porque tudo é verdade e invento nada.
Dia chegará em que meus deuses ancestrais triunfarão:
a mariposa de navalhas que rasga corações,
os bebedores da noite que fumegam nos espelhos,
os morcegos que fugiram do papagaio, rebento do sol,
os homens comidos pelos tigres,
os homens sacudidos pelo vento,

los hombres que huyen del fuego haciéndose aves,
los hombres hechos peces
para no ser ahogados en este país en que la sed calcina.

Y llegará el poder.
Y será grande.
S erá la palabra de maíz.
Será la sangre de la culebra
y el espasmo del ave.
Será el poderío de nuestros huesos.
¡Toquen los atabales de la guerra,
resuenen los tambores!
¡Desnudos de palabras,
acabemos con lo que acaba!

Que perdonen los siglos nuestra fiereza.

os homens que fogem do fogo fazendo-se de aves,
os homens que se fazem de peixes
para não serem afogados neste país em que a sede calcina.

E chegará o poder.
E será grande,
será a palavra de milho.
Será o sangue da serpente
e os espasmos do pássaro.
Será o poder de nossos ossos.
Toquem os atabaques da guerra,
ressoem os tambores.
Despidos de palavras,
acabemos com o que acaba.

Que os séculos perdoem nossa ferocidade.

Dialecto y Quemadura

Hoy se inicia en este sitio la escritura.
Hoy se muerde el presagio.
Hoy se tienden poco a poco las palabras
como las cuerdas de las que penden los ahorcados.
Sobre la firma de mis uñas crece una raíz de espanto.
La ceniza hecha pedernales me golpea.

¿A dónde van estas palabras huecas y vacías?
Juro yo,
el radical de dientes,
no escribir más cosas semejantes.
Hay que hablar lengua de fuego y no dialecto de ceniza.
Y es que a ratos digo cosas verdaderas pero miento:
¿Comprendes, animal de la sombra?
¿Te extraña esto, acróbata divino?

¡Ábranse fosas a los castrados de la vida!
¡Calle aquel que no tenga nada que decir!
¡Calle yo ahora!

Dialeto e Queimadura

Hoje se inicia neste lugar a escritura.
Hoje se morde o presságio.
Hoje se estendem pouco a pouco as palavras
como as cordas das quais pendem os enforcados.
Sobre a assinatura das minhas unhas cresce uma raiz de
espanto.
A cinza feita rocha me golpeia.

Aonde vão estas palavras ocas e vazias?
Eu juro,
o radical de dentes,
não escrever mais coisas semelhantes.
Há que se falar língua de fogo e não dialeto de cinza.
E é que às vezes digo coisas verdadeiras, mas minto:
compreendes, animal da sombra?
Isto te estranha, acrobata divino?

Abram-se fossas para os castrados da vida!
Cale-se aquele que não tem nada a dizer!
Que me cale eu agora.

Como Dura Puerta

Aprieto mis espuelas
en el ijar de consonantes,
me simplifico de este modo longitudes.
Sé lo que digo.
Me brotan letras unidas en un signo:
el de tu nombre.
Y estoy como mareado
de tanta resonancia total.
Maduré para ti horas enteras
y llegué a tu camino por derecho.

Y sin lóbrega luz me voy ahora
hasta tus pasos.
Sosténme, te sostengo.
Apóyate, me apoyas.
Caminemos ya juntos,
pueblo, mujer míos.

Como Dura Porta

Aperto as esporas
no flanco de consoantes,
assim simplifico-me longitudes.
Sei o que digo.
De mim brotam letras unidas num signo:
o do teu nome.
E estou como embriagado
De tanta ressonância total.
Amadureci horas inteiras para ti
e cheguei por direito a teu caminho.

E sem luz baça vou-me agora
até teus passos.
Sustentas-me, te sustento.
Apóias-me, te apoio.
Caminhemos juntos,
mulher, povo meus.

Luz Detenida

Hoy baila mi mujer y taja
sonrientes cicatrices en su cielo.
Hoy ella baila, colibrí ante la flor,
espejo frente a espejos enemigo.
Y la flor se habita de las plumas
y el pájaro seis pétalos se vuelve.

Soy un puño de tierra echado al viento.
Hoy baila mi mujer
y desaloja la discordia,
el núcleo donde la muerte juega,
y la nostalgia.

Hoy baila mi mujer, mi amante:
luz detenida en el aire.

Luz Retida

Hoje baila minha mulher e talha
risonhas cicatrizes em seu céu.
Hoje ela baila, colibri ante a flor,
espelho frente a espelhos, inimigo.
E a flor se veste de plumas
e o pássaro seis pétalas se torna.

Sou uma mão de terra atirada ao vento.
Hoje baila minha mulher
e desaloja a discórdia,
o núcleo onde a morte joga,
e a nostalgia.

Hoje baila minha mulher e amante:
luz retida no ar.

Afrodita En El Polvo

El Sol, colérico de sales,
contra el agua arremete.
Hermano con hermana se acarician.
Y un cielo azul está (cubriéndola),
encima de la tierra: hijos nosotros
de esa feroz contradicción, las bestias.

Pero de líquenes, de aceites,
el cielo en la tierra se vacía.
Cargada queda así, a punto de parir
lechuzas, tallos o tubérculos,
cuando del cielo, del esposo, cae la sangre:

fuimos nosotros, nunca el tiempo,
quienes violentos arrancamos
los testículos de óxido del cielo
y con el fruto de la castración construimos
este altiplano de mercurio y sodio.

Dejando atrás espumas, violenta la sonrisa,
el amor enraizó aquí su cabellera;

Afrodite No Pó

O sol, colérico de sais,
arremete contra a água.
Irmão e irmã se acariciam.
E um céu azul está (cobrindo-a)
em cima da terra: nós, filhos
desta feroz contradição, as bestas.

Mas de liquens, de azeites,
o céu na terra se verte.
Carregada fica assim, a ponto de parir
corujas, caules ou tubérculos,
quando do céu, do esposo, cai o sangue:

fomos nós, nunca o tempo,
que, violentos, arrancamos
os testículos de óxido do céu
e com o fruto da castração construímos
este altiplano de mercúrio e sódio.

Deixando para trás espumas, violento o sorriso,
o amor enraizou aqui sua cabeleira;

porque fueron sus hebras las crecidas,
tiernas ramas de los ahuehuetes.
El amor reposó aquí
de sus débiles miembros agotados.
Y crecieron las hierbas a su paso,
se elevaron águilas de espuma y cicatrices.

Pero llegamos los indignos,
los que nada sabíamos.
Como los animales, devoramos.

Hachas de piedra o bronce,
machetes de ceniza.
Devastamos los montes,
destruimos las praderas,
sepultamos a Afrodita bajo el polvo.

Y ahora de la cuenca del lago sube este
violento buitre de mirada blanda
y en su esqueleto cálido se posa.
Hemos de respirar esa desgracia.
Porque los días son álamos de polvo,
buitres que asedian la ciudad,
nubes arteras que acaban nuestro oxígeno.

porque foram suas, as fibras crescidas,
ternos ramos dos ahuehuetes.
O amor repousou aqui
de seus membros frágeis esgotados.
E as ervas cresceram de seu passo,
elevaram-se águias de espuma e cicatrizes.

Mas os indignos chegamos,
nós, que nada sabíamos.
Como os animais, devoramos.

Machados de pedra ou bronze,
machetes de cinza.
Devastamos os montes,
destruímos os prados,
sepultamos Afrodite sob o pó.

E agora da bacia do lago sobe este
violento abutre de mirada branda
e posa em seu esqueleto ardente.
Temos de respirar essa desgraça.
Porque os dias são álamos de poeira,
abutres que assediam a cidade,
nuvens ardilosas que gastam nosso oxigênio.

Despierta La Ciudad

1

Como en el centro de una nuez, oscuros,
damos la espalda a los océanos
que quieren empujar la tierra tierra adentro,
que quieren borrar nuestras fronteras:
bestias celosas que con lenta fuerza
golpean la playa con un amor hambriento,
inyectado de ácido y espermas;
como en el centro de un cristal, soleados,
lejos del mar, sin ojos al Atlántico,
sin que podamos escuchar
la suave letanía de las mareas,
aquí, de pronto, en la ciudad,
hay un olor a puerto.

2

Hay alcobas que nunca vieron sol,
gaviotas paralizadas por un ojo eléctrico,
bodegas donde los peces luchan contra el hielo,

Desperta a Cidade

1

Como no centro de uma noz, obscuros,
damos as costas aos oceanos
que querem empurrar a terra terra adentro,
que querem apagar nossas fronteiras:
bestas zelosas que com lenta força
golpeiam a praia com um amor faminto,
injetado por ácidos e espermas;
como no centro de um cristal, ensolarados,
longe do mar, sem olhos para o Atlântico,
sem que possamos escutar
a suave litania das marés,
aqui, de imediato, na cidade,
há um cheiro a porto.

2

Há alcovas que nunca viram o sol,
gaivotas paralisadas por um olho elétrico,
tabernas onde os peixes lutam contra o gelo,

lunas que caen en las cisternas y maúllan.
Qué cúmulo de voces,
qué graznidos de cuervos o pelícanos
(y son sólo bocinas, rápidos camiones
cuando abro los ojos).
Las bugambilias hunden su raíz de yodo y crimen
en las sucias paredes:
así rasguña el mar los arrecifes.

3

Y en la ciudad el polvo se derrama,
el carbón extiende su amplia cola de pavorreal,
húmedas avenidas estiran sus cabellos,
el alba moja la nuca de nuestras mujeres
y otros aromas,
de vírgenes decrépitas, se esparcen.

El mar nos atosiga a la distancia;
hay vientos que lo empujan
hacia el centro del país,
cuando la luna llega a restituirle calma:
mano que acaricia un leopardo agitado.

Despierta la ciudad
mientras el agua cae sobre su bosque:

luas que caem nas cisternas e miam.
Que cúmulo de vozes,
que ganidos de corvos ou pelicanos
(e são só buzinas, caminhões rápidos
quando abro os olhos).
As buganvílias afundam sua raiz de iodo e crime
nas paredes sujas:
assim arranha o mar os arrecifes.

3

E na cidade a poeira se derrama,
o carvão estende sua ampla cauda de pavão,
úmidas avenidas estiram seus cabelos,
a alva molha a nuca de nossas mulheres
e outros aromas,
de virgens decrépitas, se espargem.

O mar intoxica-nos a distância;
há ventos que o empurram
para o centro do país,
quando a lua chega a lhe restituir a calma:
mão que acaricia um leopardo agitado.

Desperta a cidade
enquanto a água cai sobre seu bosque:

sexo en el que respira, profundamente.
Despierta la ciudad cansada, hambrienta,
como una mujer
toda la noche larga satisfecha.

sexo em que respira, profundamente.
Desperta a cidade cansada, faminta,
como uma mulher
toda noite vai embora satisfeita.

A La Intemperie

Algo caerá.
Las derramadas frutas nos darán alcoholes,
la cebada será fermento de catástrofe.

Cerremos los ojos ante tanto perfume
de sabinos secos. Por un instante,
cuando la araña sorbe el cerebro
de la mosca, miro la humeante
eternidad, esa pequeña boca
que devora; toda crisálida me pierde,
me destroza un guijarro,
el delicado insomnio de la abeja
me trastorna, y deliro.

Y llegará la destrucción;
el esquema del nopal caerá en el suelo;
fallará en un punto la silueta del girasol,
podrido a muerte por la luna;
los coyotes comerán su propio corazón;
el águila será casi cartílagos,
sin vértebra ninguna;

À Intempérie

Algo cairá.
As derramadas frutas nos darão álcoois,
a cevada será fermento de catástrofes.

Cerremos os olhos ante tanto perfume
de frutos secos. Por um instante,
quando a aranha sorve o cérebro
da mosca, olho a fumegante
eternidade, essa pequena boca
que devora; toda crisálida me perde,
uma pedra me destroça,
a delicada insônia da abelha
Transtorna-me, e deliro.

E chegará a destruição;
o esquema do nopal cairá no solo;
falhará em um ponto a silhueta do girassol,
apodrecido até a morte pela lua;
os coiotes comerão seu próprio coração;
a águia será quase cartilagens somente,
sem vértebra nenhuma;

no hay esperanza sino alcoholes
esparcidos por las noches
poderosas de viñedos
que truenan su amargura
en las quijadas de los montes.
El centeno, la piña, el mezcal,
la manzana luchando a muerte
por ocupar un sitio en mi garganta.

Vienen tus amados pero extraños senos,
en equilibrio intenso
sobre abismos de espadas
cuando bailas; pero la roca misma
es mariposa y tus senos
irremediablemente van a la tiniebla:
no quiero, no puedo detenerlos,
queda incrustado en mi cerebro
un dardo, oh ternura
que se consume lastimándose.

Yo desnudo, trigo, alacrán,
mercurio que escapa de mis propias manos:
no puedo controlarme, no puedo
contenerme y ser el vaso
que limite el azogue.

não há esperanças, só álcoois
espargidos pelas noites
poderosas de vinhedos
que troam sua amargura
nas queixadas dos montes.
O centeio, a pinha, o cacto,
a maçã lutando até a morte
por ocupar um lugar na minha garganta.

Teus amados seios estranhos vêm
em equilíbrio intenso
sobre abismos de espadas
quando bailas; mas a rocha mesma
é mariposa e teus seios
irremediavelmente vão para as trevas:
não quero, não posso detê-los,
fica incrustado em meu cérebro
um dardo, oh! ternura
que se consome lastimando-se.

Eu despido, trigo, escorpião,
mercúrio que escapa de meus próprios dedos:
não posso controlar-me, não posso
conter-me e ser o vaso
que limite o azougue.

Pienso la derrota
como si acabara de cometer un crimen.
Beso el pasto, muerdo el tronco
de árboles porque quiero que me dure
este delirio por amanecer,
oh nubarrón eléctrico de dicha.

Penso a derrota
como se acabasse de cometer um crime.
Beijo o pasto, mordo o tronco
de árvores porque quero que me dure este
delírio por amanhecer,
oh! nuvem elétrica de felicidade.

Letanía Bélica Por La Paz

Mineral del geranio,
odia con nosotros;
hierro meteórico,
odia con nosotros;
daga de amibas,
odia con nosotros;
jornalero del campo,
odia con nosotros;
ferrocarrileros, tormentas,
odien con nosotros;
especies extinguidas,
odien con nosotros;
sulfuro de hambre,
odia con nosotros;
airado puño de la ciencia,
odia con nosotros;
Usumacinta y Yaqui;
odien con nosotros;
Cenit, Nadir, mineros, sindicatos,
odien con nosotros;
células de obsidiana,

Litania Bélica Pela Paz

Mineral de gerânio,
odeia com nós;
ferro meteórico,
odeia com nós;
adaga de amebas,
odeia com nós;
trabalhador do campo,
odeia com nós;
ferrovias, tormentas,
odiai com nós;
espécies extintas,
odiai com nós;
enxofre de fome,
odeia com nós
irado punho da ciência,
odeia com nós;
Usumacinta e Yaqui,
odiai com nós;
Cenit, Nadir, mineiros, sindicatos
odiai com nós
células de obsidiana,

odien con nosotros;
hidróxido de sangre,
odia con nosotros;
Ciudad de México,
odia con nosotros,
para que los alacranes combatan
y las carreteras le den de latigazos
en la frente al invasor; para que salgan
de la tierra musgos
enardecidos por la espera;
para que los rieles se nieguen
a soportar el peso de sus armas
y desde cada locomotora
un hombre arroje
contra el muro asesino
la brutalidad amorosa de su acero.

odiai com nós;
hidróxido de sangue,
odeia com nós;
Cidade do México,
odeia com nós,
para que os escorpiões combatam
e as estradas chicoteiem
pela frente o invasor; para que saiam
da terra musgos
excitados pela espera;
para que os trilhos se neguem
a suportar o peso de suas armas
e de cada locomotiva
um homem arremesse
contra o muro assassino
a brutalidade amorosa de seu aço.

El Caos o Restos, Temblores, Iras

¿Quién está vivo? A disparos
preguntan: ¿quién vive?

Un apenas pañuelo nos despide de todos.
El eco ya se instala y se disuelve
en polvo el aire, en densidad
la llama, en revolución la espera.
¿Qué se responde? Sólo el suplicio
se ha instalado en la plaza
y de la tarde apunta
un alba de balazos. La luz lenta
disgrega sus destellos tiernos.
Sólo está vivo un perro muerto
y más allá de sus ladridos,
más acá de las voces cortesanas
y del trigo que nace en panes sin aroma,
un pueblo sale
desde un terrible estuario de silencios.
Y se incorpora. Y golpea. Y responde
a la pregunta afirmándose en el odio.

O Caos Ou Restos, Tremores, Iras

Quem está vivo? À queima-roupa
perguntam: quem vive?

Um único lenço nos despede de todos.
O eco já se instala e se dissolve
em poeira o ar, em densidade
a chama, em revolução a espera.
O que se responde? Somente o suplício
na praça se instalou
e da tarde aponta
uma aurora de tiros. A luz lenta
desagrega seus ternos clarões.
Só está vivo um cão morto
e mais além de seus latidos,
mais aquém das vozes cortesãs
e do trigo que nasce em pães sem aroma,
um povo vem
de um terrível estuário de silêncios.
E se incorpora. E golpeia. E responde
à pergunta afirmando-se no ódio.

¿Sólo está vivo un perro muerto? La verdad
es que hieden la orden de impureza
y el general condecorado, hiede
la patria y la pistola hiede,
hieden las sangres y las botas hieden;
hedor la mano y más hedor la pluma
que apenas si se atreve
a describir pavores. Hieden
los tanques y las bombas hieden.
Es un hedor esa bengala que desciende
a iluminar la víctima y su azoro.
Es un hedor el grito,
y es un hedor el crimen
y es un hedor a muerte
el que se siente al ver
el pleito de cadáveres hambrientos
en busca, sí, de hilachas
y de huesos y que aún maceran
los restos de gemidos tiernos.

Y las balas a ras de tierra merodean
en busca de muchachas para alojar
en la plaza la gangrena.
No se entiende qué pasa, qué
pasa, quién grita, quién dispara,
quién vive. Ya el silencio se instala

Só um cão morto está vivo? A verdade
é que fedem a ordem de impureza
e o general condecorado, fede
a pátria e a pistola fede,
fedem os sangues e as botas fedem;
fedor a mão e mais fedor a pena
que apenas se atreve
a descrever pavores. Fedem
os tanques e as bombas fedem.
É um fedor esse fogo de bengala que baixa
para iluminar a vítima e seu suplício.
É um fedor o grito,
e é um fedor o crime
e é um fedor a morte
o que se sente a ver
o pleito de cadáveres famintos
em busca, sim, de fiapos
e de ossos e que ainda maceram
os restos de gemidos ternos.

E as balas ao rés da terra vagam
em busca de mulheres para alojar
na praça a gangrena.
Não se entende o que acontece, o que
se passa, quem grita, quem dispara,
quem vive. Já o silêncio se instala

como un hondo pozo moribundo
que se abriera desde la garganta.
Y se palpa una herida. Y se siente
un temblor. La plaza
es una ciénaga, la lámpara enmudece.

como um fundo poço moribundo
que se abrisse desde a garganta.
E se apalpa uma ferida. E se sente
um tremor. A praça
é um lamaçal, a lâmpada emudece.

Papel Borrado

Cuando termino de escribir todo esto,
después que durante horas me imprimo
como un mecanismo de dulzura y de cólera
en las hojas, y el viento desordena los papeles
y entra un silbido extraño, y merodea en la casa
una noche especial, ajena, sin preguntas;
cuando abro ventanas para que lleguen
los amigos que tienen nombres de herramienta
y prisiones, después que me deshago de este
tósigo, cuando quedo vacío, mi mujer
viene aquí con amor que estrangula.
Amor resplandeciente el nuestro que asume
la crueldad de un pájaro pequeño que picara
su grano, tiernamente, en la herida de un brazo
y más la abriera, que es como un pequeño pájaro
que cantara, cerca, muy cerca, demasiado
cerca del oído, y al que no pudieras callar,
aunque te rompa el tímpano a golpes de dulzura.

Escribo entonces junto al mar.
Asiento mi pisada y mi cansancio

Papel Apagado

Quando termino de escrever tudo isto,
depois que durante horas me imprimo
como um mecanismo de doçura e de cólera
nas folhas, e o vento desarruma os papéis
e entra um sibilo estranho, e vaga pela casa
uma noite especial, alheia, sem perguntas;
quando abro janelas para que cheguem
os amigos que têm nomes de ferramenta
e prisões, depois que me desfaço deste
veneno, quando resto vazio, minha mulher
vem até aqui com amor que estrangula.
Amor resplandecente, o nosso, que assume
a crueldade de um pássaro que picasse
seu grão, ternamente, na ferida de um braço
e mais a abrisse, que é como um pequeno pássaro
que cantasse perto, muito perto, demasiado perto
do ouvido, e que não se pudesse fazer calar,
embora te rompa o tímpano a golpes de doçura.

Então escrevo junto ao mar.
Ponho minha pegada e meu cansaço

en el áspera arena de la playa, mientras el mar,
ausente, en grises movimientos nos acecha
y borra todo, borra todo, borra
todo de mí, borra todo de mí,
borra todo de mí.

na áspera areia da praia, enquanto o mar,
ausente, em ondulações cinzentas nos espreita,
e apaga tudo, apaga tudo, apaga
tudo de mim, apaga tudo de mim,
apaga tudo de mim.

Luz

...acampadas en la célula como en
un tardo tiempo de crepúsculo.
JOSÉ GOROSTIZA

CIEGO de nacimiento, me escandaliza
el tacto. Vivaldi suena en medio
de la bruma y la ciudad, bella
hasta su colmo, intolerable, extiende
dedos hacia el mar. El ancla de la vida
se estremece, el sol rebasa sus medidas
y entra durísimo, convicto,
entre las nubes: el más vago,
el más oscuro resplandor. Levantamos
la copa en el mar de Vivaldi, en el mar
de Venecia. Suena un vaso de cristal
despedazado. El mar está borracho, devora
música y cuerpos, dentaduras,
hace suyo el invierno.

La luz queda enlodada en la zarza
y la niebla. Ciego de luz, observo sólo
esta nada, deshecha por los dedos
de la oscuridad y del llanto. En la noche
que se aclara distingo algo turbio.

Luz

> *...acampadas em la célula como en*
> *un tardo tiempo de crepúsculo.*
> José Gorostiza

Cego de nascimento, me escandaliza
o tato. Vivaldi soa em meio
à bruma, e a cidade, bela
ao extremo, intolerável, estende
dedos até o mar. A âncora da vida
se estremece, o sol rebaixa suas medidas
e penetra duríssimo, convicto,
por entre as nuvens: o mais vago,
o mais obscuro resplendor. Levantamos
o cálice no mar de Vivaldi, no mar
de Veneza. Soa um vaso de cristal
despedaçado. O mar está bêbado, devora
música e corpos, dentaduras,
faz seu o inverno.

A luz se enlameia na sarça
e a névoa. Cego de luz, observo apenas
este nada, desfeito pelos dedos
da obscuridade e do pranto. Na noite
que clareia distingo algo turvo.

El seno de la amada resplandece en el momento
en que penetro en la casa del poniente:
eres el mar, soy la soledad
que entra en tu corazón. Qué ritmo
de blancuras se destruye cuando digo
violines tensos. Sólo porque muero
puedo amarte. ¿Nada hay más bello
que un hombre agonizante?

El cáncer de pupila,
la laringe infectada, la úlcera
en la luz, el moho en el bronce,
la suave tez dorada corrompida
me hacen amarte, hasta las heces
de mí mismo, mientras Vivaldi y el sol
atraviesan la bruma, mientras la luz
se enfrenta al mar y logra
peces ciegos, enfermos necesarios
enemigos, mientras la luz se enturbia
cada noche, mientras la noche
aclara sus sonidos en el sol.

O seio da amada resplandece no momento
em que penetro na casa do poente:
és o mar, sou a solidão
que entra em teu coração. Que ritmo
de brancuras se destrói quando digo
violinos tensos. Só porque morro
posso amar-te. Não há nada mais belo
que um homem agonizante?

O câncer de pupila,
a laringe infetada, a chaga
na luz, o mofo no bronze,
a suave tez dourada corrompida
me fazem amar-te, até as fezes
de mim mesmo, enquanto Vivaldi e o sol
atravessam a bruma, enquanto a luz
enfrenta o mar e logra
peixes cegos, enfermos necessários
inimigos, enquanto a luz se turva
cada noite, enquanto a noite
aclara seus sons no sol.

En El Centro Del Año

> *El sol es nuevo cada día.*
> HERÁCLITO

Hoy he tocado tu corazón, sombra desnuda
o vorágine o sola nota de dolor obstinado.
Hoy he tocado tu corazón en las yemas
de los dedos y he oído el mismo agudo acento
que llevó a los amantes al amor
desgarrado y a los pactos suicidas.

El año está en su centro y se desploma
lo mismo el sol ya derretido que el agua
musical y clara. Detrás del sol yo veo
una armonía destruida por las sombras tercas.
Nada nuevo se yergue bajo él: Cleopatra
mordida por el áspid o la muchacha
que después de abortar se ahorca con su media,
rayo, avión o nube combatida. ¿Todo es igual,
desde hace siglos? ¿Ballesta o bala trazadora,
tú o Casandra, la de nombre arrasado? Lo húmedo
se seca, asciende y se contrae. Lo seco
se humedece, avanza y retrocede. La arcilla
se hace águila; el buey lame el salitre
con su lengua de trapo. Pero todo es distinto.

No Meio Do Ano

Hoje toquei teu coração, sombra desnuda
ou voragem ou nota única de dor obstinada.
Hoje toquei teu coração com as polpas
dos dedos e ouvi o mesmo acento agudo
que levou os amantes ao amor
desgarrado e aos pactos suicidas.

O ano está no seu centro e desapruma
o sol já derretido da mesma forma que a água
musical e clara. Atrás do sol eu vejo
uma harmonia destruída pelas sombras teimosas.
Nada novo se ergue sob ele: Cleópatra
mordida pela serpente ou a moça
que depois de abortar se enforca com sua meia,
raio, avião ou nuvem combatida. Tudo é igual
há tantos séculos? Balista ou bala delineadora,
tu ou Cassandra, a de nome arrasado? O úmido
resseca, eleva-se e se contrai. O seco
se umedece, avança e retrocede. A argila
torna-se águia; o boi lambe o salitre
com sua língua de trapo. Mas tudo é distinto.

El amor de Alejandro no es el mío y tus labios,
con ser labios como los labios de cualquier
mujer, son solamente, indescriptiblemente
tuyos. Todo es nuevo bajo este sol, agua,
deleite o muerte compartidas.
¿Por qué atormentarnos y roer
nuestros sueños como si fueran fósiles
por arena y cristal conservados? Me levanto
y deliro. El sol, el mismo sol entonces,
es nuevo cada día, su violencia se altera
de minuto en minuto. La alegría de tu rostro
sube ya, vegetal, desde la sábana
y recobra en los ojos la luz de la ventana
(aquella luz, empero, corroída por distintos
cristales). Hoy he tocado tu corazón
como una gota de ámbar o milagro obstinado.
Hoy he tocado tu corazón en las fronteras
de tus ojos y lo he oído latir tranquilamente,
con la mansedumbre del agua que bulle dormida.
Tu cabello negro, que absorbe luz a borbotones,
me arrastra a donde el mes de agosto
se dilata. Somos remeros sordos en las aguas
contrarias: tu barca va en mi sangre,
mi remo ya perfora tus nostalgias profundas.

O amor de Alexandre não é o meu e os teus lábios,
sendo lábios como os de qualquer
mulher, são apenas, indescritivelmente
teus. Tudo é novo sob este sol, água,
deleite ou morte compartidos.
Por que atormentar-nos e roer
nossos sonhos como se fossem fósseis
conservados de areia e cristal? Levanto-me
e deliro. O sol, o mesmo sol, então,
é novo a cada dia, sua violência se altera
de minuto em minuto. A alegria de teu rosto
levanta-se já, vegetal, do lençol
e recupera nos olhos a luz da janela
(aquela luz, porém, corroída por cristais
distintos). Hoje toquei teu coração
como uma gota de âmbar ou milagre obstinado.
Hoje toquei teu coração nas fronteiras
de teus olhos e o ouvi latir tranqüilamente,
com a mansidão da água que, dormindo, se move.
Teu cabelo negro, que absorve luz aos borbotões,
me arrasta até onde o mês de agosto
se dilata. Somos remadores surdos em águas
opostas: teu barco vai em meu sangue,
meu remo já perfura tuas nostalgias profundas.

Aguja En El Pajar

Aunque pudiésemos representarnos lo que
es, no podríamos decirlo ni comunicarlo...
Gorgias

Desde la pluma brotas, súbita
llama tensa que se prende aun a la madera
húmeda y la quema y la guarda.
Entonces tu jadeo (reiterado,
sonámbulo sonido que atraviesa
las destruidas, de amor, paredes
de mi cráneo y pronuncia sin decirlo
mi solo nombre oscuro y dibuja mi rostro),
tu jadeo me recorre. Yo gozo
la tensa y acre miel de tus axilas
y el vello, violento y deslumbrante,
que sube, musgo negro, de tu vientre.

Echado sobre ti, dejo en tus senos
la huella de mi pecho, un turbio laberinto
de cabellos y amor. Desaparezco en ese instante
y respiro ahogado en tanta sombra. Se acelera
mi sangre. Apenas reconozco tus ojos
en la apretada luz que me golpea las sienes
y las manos. Son, no sé, tres, cuatro, diez

Agulha No Palheiro

> *Aunque pudiésemos representarnos lo que*
> *es, no podríamos decirlo ni comunicarlo...*
> Gorgias

Da pluma brotas, súbita
chama tensa que se agarra ainda à madeira
úmida e a queima e a guarda.
Então, teu arquejo (reiterado
som sonâmbulo que atravessa
as destruídas paredes de amor
de meu crânio e pronuncia sem dizer
meu único nome obscuro e delineia meu rosto)
teu arquejo me recorre. Eu gozo
o mel tenso e acre de tuas axilas
e a penugem, violenta e deslumbrante,
que sobe, musgo negro, de teu ventre.

Deitado sobre ti, deixo em teus seios
vestígios de meu peito, um turvo labirinto
de pelos e amor. Desapareço nesse instante
e respiro afogado em tanta sombra. Acelera-se
meu sangue. Reconheço apenas teus olhos
na luz estreita que me golpeia as têmporas
e as mãos. São, não sei, três, quatro, dez

segundos de gozosa inconsciencia.
Nuestra palabra es una sola letra terca.
¿Qué nombre concederte ahí, un signo
que sin lastimarte te construya? Tu nombre
no te agota ni puebla por sí solo,
con tu imagen, la memoria de nadie.
Lo tienen también algunas aves
que sólo cantan al atardecer. Tendría
que inventar, para mirarte bien
entre la turba terca de las cosas,
un cúmulo de voces y de signos.
Te reconocería así en la muchedumbre:
una voz te haría aguja encontrada
en el pajar. Pero ¿quién compartiría
mi manera de hablarte? Idéntica
a ti misma, diferente de todo,
sólo a mí momentáneamente te asemejas
cuando por mi boca respiras.
Te doy cuanto yo necesito
y cambias ya de rostro.

Una eres cuando caminas entre automóviles
y grasa que hiere el paladar y otra
cuando recibes el peso de mis venas.
¿Cómo decir
con sólo un nombre las siete especies

segundos de gostosa inconsciência.
Nossa palavra é só uma letra teimosa.
Que nome conceder-te aí: um signo
que sem te lastimar te construa? Teu nome
não se esgota nem povoa, por si só,
com tua imagem, a memória de ninguém.
Possuem-no também algumas aves
que cantam somente ao entardecer. Teria
que inventar, para te ver
em meio ao carvão obstinado das coisas,
um cúmulo de vozes e de signos.
Assim te reconheceria na multidão:
uma voz te faria agulha achada
no palheiro. Mas quem compartilharia
minha maneira de falar-te? Idêntica
a ti mesma, diferente de tudo,
só a mim momentaneamente te assemelhas
quando respiras por minha boca.
Dou-te quanto necessito
e já mudas de rosto.

És uma quando caminhas entre automóveis
e gordura que fere o paladar, e outra
quando recebes o peso de minhas veias.
Como dizer
com um único nome as sete espécies

de mujer que tú eres? Seis, siete voces
por la llama que fuiste; diez, doce
nombres por el mar que serás. Tu nombre
pronunciado en la penumbra despedaza
al que digo bajo el sol de noviembre.
¿Para qué destruirte con una voz, entonces,
para qué encerrarte en un sarcófago sonoro?
Quedémonos así,
goloso uno del otro, y sin hablar.

de mulher que tu és? Seis, sete vozes
pela chama que foste; dez, doze
nomes pelo mar que serás. Teu nome
pronunciado na penumbra despedaça
o que digo sob o sol de novembro.
Para que destruir-te com uma voz, então,
para que encerrar-te em um sarcófago sonoro?
Fiquemos assim,
cobiçando um ao outro, e sem falar.

Orden

No sé qué escribiré, nunca he sabido.
Escribo por encargo y he ignorado
quién ordena lo escrito, quién leerá estas palabras.
Una mano me dicta, ciega,
cuanto he de borrar. Por detrás
de mí mismo, un ojo manco, o mudo,
o sin respuesta, le da forma
a mi angustia. Lo que importa
es un ritmo. Te fijarás tan sólo
en el acento exacto, en la sílaba
sexta, la adónica, silbante, o la sáfica,
la heroica, en las desnudas letras
palatales. ¿Y el mundo, entonces?

Una gardenia subterránea se derrama
en la página y su perfume dibuja
en el poema un extraño marfil,
con sangre y uñas. El concepto
se funde ahora en una sola y larga,
lenta frase que destruye
al ojo seco que me mira.

ORDEM

Não sei o que escreverei, nunca soube.
Escrevo por encargo, e tenho ignorado
quem ordena o escrito, quem lerá estas palavras.
Uma mão me dita, cega,
quanto tenho de apagar. Por trás
de mim mesmo, um olho manco, ou mudo,
ou sem resposta, dá forma
a minha angústia. O que importa
é um ritmo. Tu te fixarás apenas
no acento exato, na sílaba
sexta, a adônica, sibilante, ou a sáfica,
a heróica, nas letras desnudas
palatais. E o mundo, então?

Uma gardênia subterrânea se derrama
na página, e seu perfume delineia
no poema um estranho marfim,
com sangue e unhas. O conceito
se funde agora em uma única e larga,
lenta frase que destrói
o olho seco que me olha.

Escribo porque sí, porque me da la gana.
Pero me gana el mundo y muchos
muertos se adensan en mi mano.
¿Para ellos escribo, aunque nunca
lo sepan? ¿Para ellos me dicto
cuanto he de escribir? Un mundo
silencioso corrige o enmienda
mis palabras. Me dice: bien,
no borres, añade aquí no sólo
un adjetivo, sino los huesos,
la garganta desnuda, el continente
amargo en el que habitas, este
áspero tiempo en el que vives.

Y en ciertas ocasiones obedezco.

Escrevo porque escrevo, por me dá ganas.
Mas ganha-me o mundo e muitos
mortos se adensam em minha mão.
Para eles escrevo, embora nunca
o saibam? Para eles me dito
quanto hei de escrever? Um mundo
silencioso corrige ou emenda
minhas palavras. Diz-me: bem,
não apagues, acrescento aqui não apenas
um adjetivo, mas os ossos,
a garganta despida, o continente
amargo em que habitas, este
áspero tempo em que vives.

E em certas ocasiões obedeço.

Zoología En Extinción

El tigre del ocaso, el cielo en ruinas,
el tecolote en llamas, el pez serpiente,
el huracán de plumas, piedras desmoronadas
en los murales ciegos de los años,
¿en dónde están?
¿Por qué agujero de las horas
escaparon el hombre guajolote,
el venado del sur, el cocodrilo
embalsamado? Y el águila que cae
en un incendio atroz toda la tarde
lenta, larga, ¿qué se hizo?

La tortuga celeste, el minotauro,
el caracol, arma del viento,
agua tal vez, dulzura pétrea,
¿en dónde están, qué oscura garra
destrozó sus yugulares? ¿Qué animal
más astuto los derribó del árbol
en el que crecen las especies?
¿Murieron sin dejar genealogía?

Zoologia Em Extinção

O TIGRE do ocaso, o céu em ruínas,
o mocho em chamas, o peixe serpente,
o furacão de plumas, pedras desmoronadas
nos murais cegos dos anos,
onde estão?
Por que agulheiro das horas
escaparam o homem peru,
o cervo do sul, o crocodilo
embalsamado? E da águia que cai
em um incêndio atroz toda a tarde
lenta, larga, que se fez?

A tartaruga celeste, o minotauro,
o caracol, arma do vento,
água talvez, doçura pétrea,
onde estão, que escura garra
destroçou suas jugulares? Que animal
mais astuto os derrubou da árvore
em que as espécies crescem?
Morreram sem deixar genealogia?

Y el coyote del alba, con su sexo
vencido, el buitre de obsidiana,
el mono destinado al sacrificio
en el altar de Venus hotentote,
el hombre que tenía por cabeza
un espejo, el otro que caía
en forma de relámpago, la liebre
que pastaba en el oriente, el colibrí,
hermano de la hormiga que bajó por maíz
a los infiernos, el hombre ya jaguar,
cielo nocturno, el centauro Quirón,
¿murieron todos con la misma flecha?
¿Han desaparecido para siempre?
¿Son humus sólo, estiércol, tierra,
sangre quizás de nuevos animales?
¿Parieron ellos al ornitorrinco?
¿De qué huevo nació, ¡oh cíclope, sirenas!,
el dios mandril? ¿Medusa habría parido
este cangrejo de turquesas? El río
Escamandro que lucha con Aquiles,
¿habría engendrado a la lechuza,
la sonámbula hija de la luna?
Rastro extraño el del tiempo,
huellas violentas siempre
en un libro que escribe
para borrar después

E o coiote da aurora, com seu sexo
vencido, o abutre de obsidiana,
o mono destinado ao sacrifício
no altar de Vênus hotentote,
o homem que tinha por cabeça
um espelho, o outro que caía
em forma de relâmpago, a lebre
que pastava no oriente, o colibri,
irmão da formiga que, por milho, desceu
aos infernos, o homem jaguar,
céu noturno, o centauro Quíron,
morreram todos pela mesma flecha?
Desapareceram para sempre?
São húmus apenas, esterco, terra,
sangue talvez de novos animais?
Pariram eles ao ornitorrinco?
De que ovo nasceu, oh! ciclope, sereias,
o deus mandril? Medusa havia parido
este caranguejo de turquesas? O rio
Escamandro que luta com Aquiles,
teria engendrado a coruja,
a sonâmbula filha da lua?
Rastro estranho, o do tempo,
vestígios sempre violentos
num livro que escreve
para depois apagar

una perpetua mano ausente.
Y la frente del manatí, si acaso
frente puede llamarse este hueso
delgado, o la lagartija que escapa,
con su traje de asbesto, del rescoldo,
¿estaban ya trazadas en el coágulo
de sangre del unicornio, en la vena
que apenas aparece en la célula azul,
en el esperma del Pegaso? La mano
que hizo las Meninas, ¿fue anunciada
en la cola prensil? Y el león
alado de San Marcos, el buey
con barbas, habitante del Nilo,
el hipopótamo de flores, ¿tuvieron
algún hijo? ¿A dónde fue la diosa
leontocéfala? ¿Qué se hizo la plaza?
El aire, se dice, estaba limpio,
los volcanes eran flores de hielo,
aroma suave, tallos breves alzados
en contra del tiempo y su inclemencia.
Pero los perros hoy, la sangrante
nostalgia, las columnas del humo.

La ciudad es hostil, devora
buitres lo mismo que hipocampos,
los abate bajo su témpano de acero.

uma perpétua mão ausente.
E a frente do manati, se se
pode chamar de frente este osso
delgado, ou a lagartixa que escapa,
com seu traje de asbesto, do rescaldo,
estavam já traçadas no coágulo
de sangue do unicórnio, na veia
que apenas aparece na célula azul,
no esperma do Pégaso? A mão
que fez as Meninas foi anunciada
na cauda preênsil? E o leão
alado de São Marcos, o boi
com barbas, habitante do Nilo,
o hipopótamo de flores tiveram
algum filho? Aonde foi a deusa
cabeça-de-leão? Como se fez a praça?
O ar, diz-se, estava limpo,
os vulcões eram flores de gelo,
suave aroma, caules breves levantados
contra o tempo e sua inclemência.
Mas hoje os cães, a sangrenta
Nostalgia, as colunas de fumo.

A cidade é hostil, devora
tanto abutres quanto hipocampos,
abate-os sob seu timbale de aço.

Tantos abiertos, destazados
animales, ellos mismos el tiempo,
hundidos en la vorágine de sangre,
mordidos ellos mismos por cuchillos,
despedazando ellos también
a otros con un ruido implacable
de mandíbulas. Pasa el furor
del tiempo. La flor es sin embargo
llaga, luz, en la estructura del desierto.

Tantos animais, abertos
esquartejados, eles mesmos o tempo,
fundidos na voragem do sangue,
eles mesmos feridos por facas,
eles mesmos despedaçando outros
com um ruído implacável
de mandíbulas. Passa o furor
do tempo. A flor sem dúvida é
chaga, luz, na estrutura do deserto.

PIEL

CREYENTE sólo en lo que toco, yo te toco,
mujer, hasta la entraña, el hueso,
aquello que otros llaman alma, tan unida,
tan cerca de la carne mortal y voluptuosa
o siempre ardiente o nunca maltratada
sino dulce, oscilante entre querer
y subir, adentro de la espuma.
Te toco, dije, mujer, hasta el más húmedo
hueso de tu vientre, donde ya gimes tú,
y el aire libre viene, sin sangre
o pensamientos: un solo extremo
de mi cuerpo se convierte en el todo.
Ni un pensamiento impuro empaña entonces
ese goce: cuando estoy en tu vientre
sólo estoy en tu vientre. Soy ahora
ese límite extraño, esa piel que consume,
que se quema y se gasta, ese tacto
profundo que va desde la piel
al pozo ciego de mis venas, y también
un ruiseñor y un alto sol, tendido,
mudo. Un beso apenas, un leve,

PELE

CRENDO apenas no que toco, eu te toco,
mulher, até a entranha, o osso,
aquilo que outros chamam alma, tão unida,
tão perto da carne mortal e voluptuosa
ou sempre ardente ou nunca maltratada
mas doce, oscilando entre querer
e subir, dentro da espuma.
Toco-te, disse, mulher, até o mais úmido
osso de teu ventre, onde tu gemes já,
e o ar livre vem, sem sangue
ou pensamentos: uma única extremidade
do meu corpo converte-se no todo.
Nem um pensamento impuro empana então
esse gozo: quando estou em teu ventre
só estou em teu ventre. Sou agora
esse limite extremo, essa pele que se consome,
que se queima e se gasta, esse tato
profundo que vai da pele
ao poço cego de minhas veias, e também
um rouxinol e um alto sol, estendido,
mudo. Um só beijo, um leve,

ya risueño fulgor que lento acaba:
la piel que se contrae. La sangre
toda y los sudores hablan. Vuelven
a mí los pensamientos. Por ti camino
llano, por el tiempo. Cuando estoy
a tu lado, no estoy sólo a tu lado:
el agua entera fructifica, el espacio
se amplía y un lento sol nocturno
nos enciende por dentro.

fulgor risonho que lento acaba:
a pele que se contrai. O sangue
todo e os suores falam. Voltam
a mim os pensamentos. Por ti caminho
simples pelo tempo. Quando estou
a teu lado, não estou só a teu lado:
a água inteira frutifica, o espaço
amplia-se e um lento sol noturno
nos acende por dentro.

PLENITUD DEL TIEMPO

1

LA DESTRUCCIÓN del fuego, atroz,
y la del tiempo. El bosque que crepita,
la sal, torturas largas. La alegría,
por supuesto. El tiempo reconstruye
la tiniebla. ¿Qué va a ser, si no tiempo,
cada nuez en su rama, exacta, fría?
Adentro de la hoja, el huracán. Hundida
ya en el agua, la tormenta, ese tiempo
feroz que la atosiga. Hasta
en el vientre de la roca mueren
las hormigas, el aroma es de sangre.
Sólo un instante fosforece el viento,
estalla el corazón sólo un minuto,
una ola no más, quizá la dicha:
gira la tierra. ¿Recordarán algunos
mi sonrisa? El hijo, el mar
reconstruyéndose. Un relámpago fluye,
arde el maderamen. Sordo de amor,
ya desnudez, te acoso. El hijo

Plenitude do tempo

1

A DESTRUIÇÃO do fogo, atroz,
e a do tempo. O bosque que crepita,
o sal, largas torturas. A alegria,
certamente. O tempo reconstrói
a treva. Que pode ser, senão o tempo,
cada noz em seu galho, exato, frio?
Dentro da hora, o furacão. Fundida
já na água, a tormenta, esse tempo
feroz que a envenena. Até
no ventre da rocha morrem
as formigas, cheira à sangue.
Só um instante chameja o vento,
estala o coração só um minuto,
uma onda, só isto, talvez a felicidade:
gira a terra. Recordarão alguns
meu sorriso? O filho, o mar
reconstruindo-se. Um relâmpago flui,
arde a madeira. Já nudez,
surdo de amor, te acosso. O filho

escucha, sabe que lo busco. El tiempo
sana de todas sus heridas. Arde
entonces el mar sin consumirse.

2

La destrucción del aire, atroz,
y la del tiempo. El hueso que enmohece,
la duda, la desgracia. La dicha,
por supuesto. El tiempo entierra dedos,
encuentra su derrota: árboles,
ámbar, sólo pulmones de ceniza
y fango, sólo bocas de mármol:
sube el agua. ¿Qué dejaré
de mí, qué de mis dedos? La hija,
el aire, rebelión, palabras.
Mi sangre te devasta, sufres
y llamas desde la otra orilla,
una voz de clemencia por el río
se escucha, y miro el grito
ciego de la niña adentro
de tu cuerpo abierto. La construcción,
la tierra, la esperanza. El agua
brota ya, plagada de respuestas.
La casa brilla y su color incendia.

escuta, sabe que te procuro. O tempo
sara de todas as feridas. Arde
então o mar sem consumir-se.

2

A destruição do ar, atroz,
e a do tempo. O osso que mofa,
a dúvida, a desgraça. A felicidade,
certamente. O tempo enterra dedos,
encontra sua derrota: árvores,
âmbar, só pulmões de cinza
e lama, só bocas de mármore:
a água sobe. Que deixarei
de mim, de meus dedos? A filha,
o ar, rebelião, palavras.
Meu sangue te devasta, sofres
e chamas da outra margem,
escuta-se uma voz
de clemência pelo rio, e olho
o grito cego da menina dentro
de teu corpo aberto. A construção,
a terra, a esperança. A água
brota já, carregada de respostas.
A casa brilha e sua cor incendeia.

El tiempo tiene forma de paloma:
el aire la sostiene y la acaricia.

3

La destrucción de tierra, atroz,
y la del tiempo. La casa que enmudece,
el hielo, la fatiga. El dolor,
por supuesto. El tiempo que edifica
atmósferas y labios. ¿Qué será
tu mirada, si no la casa, la puerta,
los batientes, el musgo que adelgaza
la claridad del día? Sólo intestinos
de rescoldo y canto, sólo unos ojos
de color durazno. ¿Quién buscará
después mis dedos, quién esta piel
del tiempo, destruyéndose? La hija,
el fuego: se detiene el aire.
Remo ya turbio el mío, entro,
en ti germino. El terremoto asciende,
claridad, sonríe. La niña,
el árbol, sonora luz
en lucha contra el viento:
el tiempo largo de sus ramas
crece. La niña es ya
respuesta a mi pregunta.

O tempo tem forma de pomba:
o ar a sustém e acaricia.

3

A destruição da terra, atroz,
e a do tempo. A casa que emudece,
o gelo, a fadiga. A dor,
certamente. O tempo que edifica
atmosferas e lábios. Que pode ser
teu olhar senão a casa, a porta,
os batentes, o musgo que refina
a claridade do dia? Só intestinos
de rescaldo e canto, só uns olhos
de cor pêssego. Quem buscará
depois meus dedos, quem esta pele
do tempo, destruindo-se? A filha,
o fogo: detém-se o ar.
Remo já turvo o meu, entro,
germino em ti. O terremoto ascende
claridade, sorri. A menina,
a árvore, luz sonora
em luta contra o vento:
o tempo largo de suas ramas
cresce. A menina é já
resposta a minha pergunta.

4

La destrucción del agua, atroz,
y la del tiempo. La piedra que encanece,
el mito, la esperanza. El amor,
por supuesto. El tiempo rasga muertes,
por débiles, sonoras. El fósforo
metálico, ¿qué ha de ser, si no
tiempo? Helada, inmóvil, pasará
la tierra, destruirá tu rostro.
Sólo una mano de argamasa y llanto,
sólo lengua de yeso: repta el fuego.
¿Qué quedará de mí, qué de mis venas?
El tiempo, el hijo mismo,
construcción, el agua. Resplandece
la víctima. Mi amor te aplasta
y ya te sangra vida. El hijo clama
desde el hondo pozo y un grito
en plumas resplandece y queda.
La construcción incendia, amor,
la de la sangre. El agua se abre,
clara de sonrisas. La casa
es blanca ya
y es pleno el tiempo.

4

A destruição da água, atroz,
e a do tempo. A pedra que envelhece,
o mito, a esperança. O amor,
certamente. O tempo rasga mortes,
por débeis, sonoras. O fósforo
metálico, o que será senão
o tempo? Gelada, imóvel, passará
a terra, destruirá teu rosto.
Só uma mão de argamassa e pranto,
só língua de gesso: rapta o fogo.
O que ficará de mim? E de minhas veias?
O tempo, o filho mesmo,
construção, a água. Resplandece
a vítima. Meu amor te machuca
e já te sangra vida. Do poço fundo
o filho clama, e um grito
em plumas resplandece e fica.
A construção incendeia, amor,
a do sangue. A água se abre,
clara de sorrisos. A casa
é branca já
e o tempo é pleno.

Voces

¿Dónde, en verdad, nace el idioma?
¿En la garganta o en la piel?
¿En el hoyo más denso, más
amargo y profundo de la historia?
Lengua y palabra somos, pregunta
acaso, el grito ya voraz, hambriento,
seco, súbita voz de ronca arquitectura,
aire que rasga el árbol,
de la raíz hasta la suave
explosión de la semilla.

Pues el amor era casual y cuando
la lluvia se estrellaba en los cristales
y hacía que la luz naciera, adentro,
cuánta crueldad, cuánta premura,
cuánta prisa y desolación
amargas, cuánta.

Pero el amor era un abismo
y yo iba hasta el fondo de ti.
Y nada ni nadie, pese a esa

Vozes

Onde, na verdade, nasce o idioma?
Na garganta ou na pele?
Na cova mais densa, mais
amarga e profunda da história?
Língua e palavra somos, acaso
Pergunta, o grito voraz, faminto,
seco, súbita voz de roca arquitetura,
ar que rasga a árvore,
da raiz até a suave
explosão da semente.

Pois o amor era casual, e quando
a chuva se estrelava nos cristais
e fazia nascer a luz, lá dentro
quanta crueldade, quanta urgência,
quanta pressa e desolação
amargas, quanta.

Mas o amor era um abismo
e eu ia até o fundo de ti.
E nada nem ninguém, apesar

desolación y pese a aquella
prisa amarga, podía separarme
de ti. Yo te pertenecía
como una brasa pura,
como un harapo de carne
adherido a tu carne. Y tú,
como una voz, como una palabra
más en mi cerebro, como algo
nacido en el centro de mí,
hablabas y todos te escuchaban.

Mi voz había cambiado. Lengua
y palabra somos, pregunta acaso.

La verdad es que yo
vivía de tus alientos
hasta un sitio imposible,
hasta donde yo no era yo,
hasta donde tú empezabas a ser
una parte gravísima, enferma,
de mí mismo. Ésas eran mis letras,
ésta ha sido mi voz, la sangre
estremecida en cinco largos,
infernales y felices años.

dessa desolação e apesar daquela
amarga pressa, podia separar-me
de ti. Eu te pertencia
como uma brasa pura,
como um farrapo de carne
aderido a tua carne. E tu,
como uma voz, como uma palavra
a mais em meu cérebro, como algo
nascido no centro de mim,
falavas e todos te escutavam.

Minha voz havia mudado. Língua
e palavra somos, talvez pergunta.

A verdade é que eu
vivia de teus alentos
até um lugar impossível,
até onde eu não era eu,
até onde tu começavas a ser
uma parte gravíssima, enferma,
de mim mesmo. Essas eram minhas letras,
esta tem sido a minha voz, o sangue
estremecido em cinco cumpridos
anos infernais e felizes.

Porque el idioma
no nace en la garganta. Porque
la voz no nace en los pliegues
más hondos del cerebro.

Somos lengua y palabra, sí,
pregunta a veces, sorda
respuesta, negras voces.
Somos el otro. Yo soy sólo tú.
Y tu historia me niega
y me edifica. Soy un pájaro ciego
que una vez y otra vez,
como la lluvia, contra las ventanas
de los cuartos, resbala, lento.
Soy un pájaro que recuerda
y que canta, enceguecido ya
por tu memoria. Cuando estoy
a tu lado, cesa el canto.
Vivir es todo. Mi voz nace
desde la extrema raíz de tus sentidos.

Lengua y palabra somos, preguntas
encendidas, respuesta a veces,
aire que mueve un árbol,
pájaros ciegos en un bosque
extraño, recuerdos largos de la especie,

Porque o idioma
Não nasce na garganta. Porque
a voz não nasce nas dobras
mais fundas do cérebro.

Somos língua e palavra, sim,
as vezes pergunta, resposta
surda, negras vozes.
Somos o outro. Eu sou somente tu.
E tua história me nega
e me edifica. Sou um pássaro cego
que uma e outra vez,
como a chuva, contra as janelas
dos quartos, resvala, lento.
Sou um pássaro que recorda
e que canta, cegado
por tua memória. Quanto estou
a teu lado, o canto cessa.
Viver é tudo. Minha voz nasce
da extrema raiz de teus sentidos.

Língua e palavra somos, perguntas
acesas, às vezes resposta,
ar que move uma árvore,
pássaros cegos em um bosque
estranho, largas recordações da espécie,

voces llenas de sangre,
cantos que rompen el inmenso
silencio blanco de la noche,
una luz que se apaga, un rescoldo
contra la brasa cruel de las estrellas.
Vale la pena vivir este minuto.
Alegría. Moriremos.

vozes cheias de sangue,
cantos que rompem o imenso
silêncio branco da noite,
uma luz que se apaga, um rescaldo
contra a brasa cruel das estrelas.
Vale a pena viver este minuto.
Alegria. Morreremos.

Llamas

El mar ciñe la costa
con un anillo oscuro
y el agua, eterna,
con su carga de sal,
con sus desnudos ácidos,
con su yodo salvaje,
contra su propio cuerpo
se golpea y el ruido sangra
y esa espuma es vida.

Aquí y allá, dispersas
en la noche, la gran noche
de México, las luces luchan
contra la oscuridad viviente.
Envuelto en la tiniebla,
como un meteoro de sangre,
empiezo mi descenso,
con una lentitud que suena a vértigo.
Acto de gracia será tocar,
una vez más, la tierra.

CHAMAS

O MAR cinge a costa
com um anel escuro
e a água, eterna,
carregada de sal,
com seus ácidos nus,
seu iodo selvagem,
contra seu próprio corpo
se golpeia e o ruído sangra
e essa espuma é vida.

Aqui e ali, dispersas
na noite, a noite grande
do México, as luzes lutam
contra a obscuridade viva.
Envolto na treva,
como um meteoro de sangue,
inicio minha descida,
lenta como uma vertigem.
Ato de graça será tocar,
uma vez mais, a terra.

Desciendo en el tumulto
de mi apretado corazón,
el avión hecho llamas,
hacia la ansiada, larga
noche, la siempre oculta
noche de la patria,
desgarrada aquí y allá
por fuegos nuevos,
ciudades, gas, petróleo
que asciende en lenguas
vivas hasta el nivel
del agua o de la roca.

Vengo del aire y caigo,
oscuro de nostalgia.
¿Qué mundo es éste,
abandonado ayer, hoy recobrado?
El pie del extranjero
hollaba pasos.
¿Extranjero en mi tierra?
Extranjero. ¿Extranjero?
Extranjero, extranjero. Mi pie
llevaba un polvo ajeno
y en los hoteles ásperos,
las arrugas nerviosas impedían
el sueño de las sábanas.

Desço no tumulto
de meu coração apertado,
o avião feito chamas,
para a ansiada, larga
noite, a sempre oculta
noite da pátria,
desgarrada aqui e ali
por fogos novos,
cidades, gás, petróleo
que se levanta em línguas
vivas até o nível
da água ou da rocha.

Venho do ar e caio,
escuro de nostalgia.
Que mundo é este,
abandonado ontem, hoje recuperado?
O pé do estrangeiro
calcava passos.
Estrangeiro em minha terra?
Estrangeiro. Estrangeiro?
Estrangeiro, estrangeiro. Meu pé
trazia uma poeira alheia
e nos ásperos hotéis,
os franzidos nervosos impediam
o sono dos lençóis.

¿Por qué extranjero
aquí? Hecho de tiempo,
cobra una ausente
dimensión el rostro.
Nacido aquí, mi tiempo
es otro, mi geografía es distinta,
ni un átomo siquiera reconozco
en la luz corporal que fuera
mía. Y sin embargo, hasta
la entraña dura del presagio,
mía. El tiempo se desgrana.
El país se dibuja
como un rostro de agua.

¿Llamas? Brotan los fuegos
desde la inmensa
noche del Atlántico.
¿Llamas? Acudo a tu llamado,
cae el avión como un inmenso toro
que bramara. El año quiebra,
terrenal, silvestre,
su cintura en junio.
Madura el día.

Por que estrangeiro
aqui? Feito de tempo,
o rosto recobra
uma ausente dimensão.
Nascido aqui, meu tempo
é outro, minha geografia é distinta,
nem um átomo sequer reconheço
na luz corporal que foi
minha. E minha, sem dúvida, até
a entrada dura do presságio.
O tempo se debulha.
O país se desenha
como um rosto de água.

Chamas? Os fogos brotam
da imensa noite
do Atlântico.
Chamas? Atendo ao teu chamado,
cai o avião como um touro imenso
que rugiu. O ano quebra,
terrestre, silvestre,
sua cintura em junho.
Madura o dia.

Viajes

A mi hija Claudia

Recuerdo gestos de mi madre,
y eran gestos de darme el agua.
GABRIELA MISTRAL

AL PRONUNCIAR tu nombre reconstruyo
los gestos blandos con los que me dabas
agua. Y con el agua, el viento, el sauce,
agua y más agua, agua y agua: manos de luz,
columna de sonrisas, adentro de la clara,
la luminosa suavidad del aire.

Cuando señalabas el vuelo altísimo
del ave, o las piedras volcánicas
que herían aquella noche silenciosa
y densa; cuando dibujabas con lentitud
aquella letra o cuando
pronunciabas la palabra peces,
me mostrabas el agua, agua y más
agua, agua rodeándome,
abrazándome, agua y más agua, madre
de amor, madre dulcísima,
serena alondra.

Viagens

A minha filha Cláudia

Recuerdo gestos de mi madre,
Y eran gestos de darme el agua.

Gabriela Mistral

Ao pronunciar teu nome reconstruo
os gestos brandos com que me davas
água. E com a água, o vento, o salgueiro,
água e mais água, água e água: mãos de luz,
coluna de sorrisos, dentro da clara,
iluminada suavidade do ar.

Quando assinalavas o vôo altíssimo
da ave, ou as pedras vulcânicas
que feriam aquela noite silenciosa
e densa; quando desenhavas com lentidão
aquela letra, ou quando
pronunciava a palavra peixes,
me mostravas a água, água e mais
água, água rodeando-me,
abraçando-me, água e mais água, mãe
de amor, mãe dulcíssima,
serena calhandra.

Como si estuviéramos desterrados
de nosotros mismos, como si careciéramos
de tierra, pese a que somos polvo
y nada más que polvo. Como si emprendiéramos
entonces un intenso viaje
por un piélago sucio, adentro,
en la oscuridad del esófago,
y una mano de aire nos empujara
con frialdad hasta lo más profundo
y se oyera a lo lejos un canto
de sirenas. Y al final de ese viaje
oscuro, largo, nos encontráramos
con alguien de rostro semejante
al nuestro. Como si hubiéramos
viajado siempre con un desconocido,
ausente, con nosotros mismos,
y su mueca fuera la misma mueca
— hueca — de nosotros, el rostro
semejante de la muerte. Como
si fuéramos olfateados por un perro
ciego. Como si las islas fueran
tan sólo piedras de tropiezo.
Como si el mar se abriera o se cerrara
en un camino sordo. Como si no
supiéramos. Como si ese viaje
por el mundo no fuera otra cosa

Como se estivéssemos desterrados
de nós mesmos, como se nós que somos poeira
e nada mais que poeira
carecêssemos ainda de terra. Como se fizéssemos
então uma intensa viagem
por um pélago sujo, lá dentro,
na obscuridade do esôfago,
e uma mão de ar nos empurrasse
com indiferença para o mais profundo
e se ouvisse ao longe um canto
se sereias. E ao final dessa viagem
escura, larga, nos encontrássemos
com alguém de rosto semelhante
ao nosso. Como se tivéssemos
viajado sempre com um desconhecido
ausente, nós mesmos,
e como se esgar fosse o nosso mesmo
— oco — esgar, o rosto
semelhante à morte. Como se fôssemos
farejado por um cão
cego. Como se as ilhas fossem
apenas pedras de tropeçar.
Como se o mar se abrisse ou fechasse
em um caminho surdo. Como se não
soubéssemos. Como se essa viagem
pelo mundo não fosse outra coisa

que un viaje hacia el centro
de nosotros, hacia el encuentro decisivo
con la muerte. ¿Hacia dónde
avanzamos, qué puerto allá, qué casa
aquí, qué barco, qué pie descalzo?
Pisadas en el mar, sandalias rotas
sobre el polvo, un sendero
sin huellas, un oscuro silencio.
Avanzo en círculos, regreso
hasta ese húmedo punto del inicio,
azul, acompañado de fantasmas.

Y ya me hundo en los caminos
de agua, por senderos de luz
desnuda y agua. Cada rostro
es en verdad tropiezo, cada isla
un puerto que se abre hacia otro
abismo, madre de amor, madre
dulcísima, ah madre alondra.

Cuando el volcán entonces estallaba
o la lluvia caía; cuando el ciclón
descuartizaba los árboles de luz
y las palomas se hundían en el alero
cierto de la casa; cuando los ánades eran
destrozados por los dedos del niño

mais que uma viagem para o centro
de nós mesmos, para o encontro decisivo
com a morte. Até onde
avançamos, que porto alhures, que casa
aqui, que barco, que pé descalço?
Pisadas no mar, sandálias rotas
sobre a poeira, um caminho
sem rastros, um escuro silêncio.
Avanço em círculos, regresso
até esse úmido ponto do início,
azul, acompanhado de fantasmas.

E já me afundo nos caminhos
de água, por sendas de luz
desnuda e água. Cada rosto
é na verdade tropeço, cada ilha
um porto que se abre para outro
abismo, mãe de amor, mãe
dulcíssima, ah mãe calhandra.

Então, quando o vulcão estalava
ou a chuva caía; quando o ciclone
retalhava de luz as árvores
e as pombas se afundavam no alpendre
da casa; quando os patos eram
destroçados pelos dedos do menino

y nos enseñabas la palabra deber
y la primera letra; cuando nos mostrabas
un signo de interrogación, en verdad
era el agua, solamente el agua,
agua y más agua, madre de amor,
serena alondra.

Agua y ternura, madre de agua.
Agua y silencio, madre de agua.
Manantial de sorpresas, madre de agua.
Aire en las hojas, madre de agua.
Espumas desmayadas y el constante
vuelo de los gansos salvajes, madre
de agua. El tumbo de las olas y el martillo
del mar contra las piedras, madre
de agua. El ganado que muge
en el crepúsculo y la golondrina
purísima y eras tú el agua, madre
de agua. Porque tus gestos
eran gestos de agua.

Después tuve que aprender otras
palabras, otras palabras con sabor
a martirio. Tú, que jamás conociste
la palabra venganza, parecías ahora
un ave torturada y fría. Análisis

e nos ensinavas a palavra dever
e a primeira letra; quando nos mostravas
um signo de interrogação, na verdade
era a água, só a água,
água e mais água, mãe de amor,
serena calhandra.

Água e ternura, mãe de água.
Água e silêncio, mãe de água.
Manancial de surpresas, mãe de água.
Ar nas folhas, mãe de água.
Espumas desmaiadas e o constante
vôo dos gansos selvagens, mãe
de água. O tombo das ondas e o martírio
do mar contra as pedras, mãe
de água. O gado que muge
no crepúsculo e a andorinha
puríssima, e eras tu a água, mãe
de água. Porque teus gestos
eram gestos de água.

Depois tive de aprender outras
Palavras, outras palavras com sabor
de martírio. Tu, que jamais conhecestes
a palavra vingança, parecias agora
uma ave torturada e fria. Análise

de gases en la sangre y martirio,
albúminas y suero y proteínas, palabras
con rencor y martirio, enzimas
en el corazón y agujas hipodérmicas
y una palabra desnuda, la palabra
martirio, la palabra martirio
que no cesa, química sanguínea
y cirugía mayor, calcio, fósforo
y oxígeno, variantes de esa palabra,
la palabra tortura que no cesa,
mientras te consumías en el silencio y yo veía
que empezabas a emprender un largo,
oscuro, decisivo viaje. Rastros
de sangre, bocas de ceniza.

Eras al mismo tiempo la raíz y la nube,
la roca hendida y la radiante espuma,
al mismo tiempo el arado y la espiga.
Oropéndola abierta, madre de agua.
Alondra decisiva, madre de agua.
Codorniz de silencio, madre de agua.
Garza morena o blanca, madre de agua.
Colibrí siempre cierto, madre de agua.

Entonces, pues, cuando ese perro
ciego lama mis carnes y fallezca;

de gases no sangue e martírio,
albuminas e soro e proteínas, palavras
com rancor e martírio, enzimas
no coração e agulhas hipodérmicas
e uma palavra despida, a palavra
martírio, a palavra martírio
que não cessa, química sanguínea
e cirurgia maior, cálcio, fósforo
e oxigênio, variantes dessa palavra,
a palavra tortura que não cessa,
enquanto te consumias no silêncio e eu via
que começavas a empreender uma extensa,
obscura, decisiva viagem. Rastros
de sangue, bocas de cinza.

Eras ao mesmo tempo a raiz e a nuvem,
a rocha gretada e a espuma radiante,
ao mesmo tempo o arado e a espiga.
Verdelhão aberto, mãe de água.
Calhandra decisiva, mãe de água.
Codorniz de silêncio, mãe de água.
Garça morena ou branca, mãe de água.
Colibri sempre certo, mãe de água.

Assim, pois, quando este cão
cego lamber minhas carnes e falecer;

cuando al final de ese viaje tenebroso
y frío; cuando en el espejo negro
de mi rostro encuentre ese otro rostro
semejante al rostro que me he construido
en la desgracia, el rostro del que soy
y me edifica, cuando mi viaje coincida
con el tuyo, habré vuelto hasta ti,
seré yo mismo tú, una parte
sensible de tu cuerpo,
el agua, el polvo por caminos de aire,
terriblemente secos por un sol de sangre.

Por eso fue que cuando allá, a lo lejos,
volaban cormoranes o se derruían los pájaros
negrísimos en el mar Bermejo, y tú
los señalabas, y cuando me mostrabas
los tiburones muertos en la playa,
me enseñabas el agua. Y cuando
me ofrecías un pedazo de pan,
me ofrecías de tu agua. Toda tú agua
y nada más que agua, madre de amor,
madre dulcísima y terrena.

Y aunque la primera palabra que aprendí
saliera de tu boca, aunque los primeros
gestos que aprendí fueran los tuyos,

quando ao final dessa viagem tenebrosa
e fria; quando no espelho negro
de meu rosto encontre esse outro rosto
semelhante ao rosto que me construiu
na desgraça, o rosto de quem sou
e me edifica, quando minha viagem coincida
com a tua, terei voltado para ti,
eu mesmo serei tu, uma parte
sensível de teu corpo,
a água, o pó por caminhos de ar,
terrivelmente secos por um sol de sangue.

Foi por isso que lá, lá longe,
voavam os cormoranes ou aterrissavam os pássaros
negríssimos no mar Vermelho, e tu
os assinalavas, e quando me mostravas
os tubarões mortos na praia,
me ensinavas a água. E quando
me oferecias um pedaço de pão,
me oferecias de tua água. Tu toda água
e nada mais que água, mãe de amor,
mãe dulcíssima e terrena.

E embora a primeira palavra que aprendi
saísse de tua boca, embora os primeiros
gestos que aprendi fossem os teus,

como los gestos de un espejo de agua
-mirándonos serenos, mis escasas
sonrisas provocando las tuyas-,
en medio del desierto estará el agua.
Y por debajo de la tierra, el agua
sosteniendo la reseca semilla de mis pies.

Nuestros rostros habrán de coincidir
sin duda un día. Habré vuelto
a la casa. El perro olfateará
en mí a su semejante
y morirá a mis pies, ah madre
de agua. Habrá terminado el largo
viaje. Estaremos unidos en el último,
el más cierto, el descarnado,
el terrenal abrazo de la muerte.
Seremos polvo y nada más que polvo,
hojas que el aire arrastra,
lluvia acaso.

como os gestos de um espelho de água
– olhando-nos serenos, meus poucos
sorrisos provocando os teus –,
no meio do deserto estará a água.
E por debaixo da terra, a água
nutrindo a escassa semente de meus pés.

Nossos rostos haverão de coincidir
sem dúvida um dia. Terei retornado
à casa. O cão farejará
em mim seu semelhante
e morrerá a meus pés, ah mãe
de água. Terá terminada a longa
viagem. Estaremos unidos no último,
o mais certo, o descarnado,
o abraço terreno da morte.
Seremos pó e nada mais que pó,
folhas que o ar arrasta,
acaso chuva.

HORAS

11:30 P. M.

DURÍSIMA la luna. Igual que tú, tan lejos.
Suéñame, te digo, como te sueño aquí,
hasta que los dos sueños se conviertan en fuego,
hasta que mi aliento sea el tuyo,
hasta que respiremos cada uno
por la boca del otro. La luna
asoma, llena y sorda. No estás
al otro lado del teléfono y sólo
por un hilo de sueño podré hablarte.

Paz y fuerza me habitan. Entro
con pies descalzos en el lecho.
Estás hecha de espumas, estás
hecha de nubes, estás hecha de luz.

Compartamos los sueños.

HORAS

11:30 F. M.

DURÍSSIMA a lua. Tão longe, igual a ti.
Sonha-me, te digo, como te sonho aqui,
até que os dois sonhos se convertam em fogo,
até que alento seja o teu,
até que respiremos cada um
pela boca do outro. A lua
assoma, cheia e surda. Não estás
do outro lado do telefone e só
por um fio de sonho posso falar-te.

Paz e força me habitam. Entro
com pés descalços no leito.
Estás feita de espumas, estás
feita de nuvens, estás feita de luz.

Compartilhemos os sonhos.

10:30 A. M.

Moles de nieve, quietas, perturbadas
apenas por la luz. Nada conmueve
al resplandor, arriba. El cielo está
desnudo. El vértigo está aquí,
adentro, en la conciencia.
La nube derretida es piedra densa.
Más en calma este mar de vapores
que las nieves deshechas en la cumbre.
Allá la roca dura, el hielo, la nostalgia.
Un techo largo aquí, de plomo,
lagunas sólidas de plomo.

Yo viajo lentamente, encima de un gran
mar, blanco y sin sangre. El mundo
tiembla, abajo. Un segundo después,
la vida será otra. Nada más frágil
que este valle de nubes, arriba
del Atlántico. La rotación insomne
de la tierra, el calor implacable,
el viento cruel, el simple y lento
tránsito del tiempo, la más ligera
sombra, destruirán el paisaje.
Nadie podrá volver hasta este
sitio. Baja el avión y el valle

10:30 A. M.

Moles de neve, quietas, perturbadas
apenas pela luz. Nada comove
o resplendor, acima. O céu está
desnudo. A vertigem está aqui,
dentro, na consciência.
A nuvem derretida é pedra densa.
Mas em calma este mar de vapores
que as neves desfeitas no cume.
Ali a rocha dura, o gelo, a nostalgia.
Um amplo abrigo, de chumbo,
lagunas sólidas de chumbo.

Eu viajo lentamente, encima de um grande
mar, branco e sem sangue. O mundo
treme, abaixo. Um segundo depois
a vida será outra. Nada mais frágil
que este vale de nuvens, acima
do Atlântico. A rotação insone
da terra, o calor implacável,
o vento cruel, o simples e lento
passar do tempo, a sombra mais
ligeira destruirão a paisagem.
Ninguém poderá voltar a este
Lugar. Baixa o avião, e o vale

no se altera. Atrás, horas atrás,
queda el desierto techo sin fronteras.
Pongo mi pie en la tierra, entro
en la sombra. El tiempo se estremece.

8:30 P. M.

Sé que voy a morir. Lo sé de cierto.
He vivido como si la muerte fuera
un recuerdo lejano. Pero tú has hecho
que la luz se prolongue en la alcoba.
¿Esa piel que tocaba en el sueño
era la tuya? Era en verdad la piel
amada de tu cuerpo entero.
Has hecho que renazca.

La luz, el cielo, el mundo
eran tiniebla. Pero viniste tú,
como nacida desde una piedra de fuego.
Llegaste como un pájaro súbito,
como un rayo de espuma. Semejabas
un espejo de soles, un mar de luz
que me envolvía. Amanecí. El sueño
era desnudo campo compartido.
Soñaba que te ahogaba
con mi aliento de hombre.

Não se altera. Atrás, horas atrás,
fica o deserto abrigo sem fronteiras.
Ponho meu pé na terra, entro
na sombra. O tempo se estremece.

8:30 P.M.

Sei que vou morrer. Certamente sei-o.
Tenho vivido como se a morte fosse
um recurso distante. Mas tu fizeste
que a luz se prolongasse na alcova.
Essa pele que tocava no sonho
era a tua? Era em verdade a pele
amada de teu corpo inteiro.
Fizeste renascer.

A luz, o céu, o mundo
eram trevas. Mas tu vieste,
como nascida desde uma pedra de fogo.
Chegaste como um pássaro inesperado,
como um raio de espuma. Parecias
um espelho de sóis, um mar de luz
que me envolvia. Amanheci. O sonho
era desnudo campo compartido.
Sonhava que te afogava
com meu alento de homem.

Iguales ambos sueños, te soñaba
como si mi cerebro anidara en tu cráneo,
como si el territorio de los sueños
fuera el débil territorio de una sangre común.

Tú te abrías como el mar,
para tragarme. Como la nube blanca,
envolviéndome, como la tierra negra.
El sueño era verdad. Entrábamos en él,
como por un espejo. Salíamos desde él,
como a través de una puerta de viento.
Mis ojos eran tuyos. Tus ojos me miraban
en la penumbra blanca de la alcoba.
Despertar o dormir era lo mismo.
Vivíamos vidas iguales, a un lado
y otro de la muerte, el amor era el mismo
de un lado y otro de la vida.

Te besé hasta la dicha, te mordí
hasta la muerte. Granada
fue tu boca,
tamarindo
tus labios.

Compartimos el sueño.

Sonhos iguais, te sonhava
como se meu cérebro se aninhasse em teu crânio,
como se o território dos sonhos
fosse o débil território de um sangue comum.

Tu te abrias como o mar
para tragar-me. Como a nuvem branca,
envolvendo-me, como a terra negra.
O sonho era verdade. Entrávamos nele,
como por um espelho. Saíamos dele
como através de uma porta de vento.
Meus olhos eram teus. Teus olhos me fitavam
na penumbra branca da alcova.
Despertar ou dormir era o mesmo.
Vivíamos vidas iguais, de um lado
e outro da morte, o amor era o mesmo
de um lado e outro da vida.

Beijei-te até a felicidade, te mordi
até a morte. Romã
foi tua boca,
tamarindo
teus lábios.

Compartimos o sonho.

Amanecer

1

La noche se deshace.
El horizonte débil se dibuja
entre este fuego azul y la borrasca.
El sol golpea el volcán,
despiertan los objetos.

Aquí había bosques, aquí,
si escarbo, encontraré cuchillos
de obsidiana, la espuma
incierta de la historia.
Aquí, donde entra a saco
esta insolente luz que todo tienta,
un edificio de palomas crece.
Los amantes se abrazan con dulzura:
dos dagas de topacio, tensas
como un relámpago desnudo.

El mundo entero se edifica
con perfiles de abismo.

Amanhecer

1

A noite se desfaz.
O horizonte débil se delineia
entre este fogo azul e a tempestade.
O sol golpeia o vulcão,
os objetos despertam.

Aqui havia bosques, aqui,
se cavo, encontrarei facas
de pedra, a espuma
incerta da história.
Aqui onde esta insolente
luz devastadora tudo toca,
cresce um edifício de pombas.
Os amantes se abraçam com doçura:
duas adagas de topázio, tensas
como um relâmpago desnudo.

O mundo inteiro se edifica
Com perfis de abismo.

La luz urge a la vida
como un fotón violento, átomo
raudo indócil transformado en marea.
Los dos volcanes resplandecen:
entre ellos un avión, gota larga
de luz, brusca fuerza obstinada.

2

Se adelgaza la noche en la montaña.
¿Cuántas horas de sombra han muerto,
arriba? Avanza insomne el día.

¿Pueden quedar las voces
impresas en el aire? Nada dura
la espuma, huella leve y fugaz
la clara voz de la soprano.
¿Qué rostro habrá el amor
mañana mismo? ¿Será polvo también?
La sombra de ese cisne
llaga las aguas con una prisa lenta.
Sonriente el prisionero se despierta:
entra el canto de un pájaro en la celda.
Leyes duras obligan al planeta pequeño
a cruzar el vacío.
Embriagado de dicha, el sol

A luz urge a vida
como um fóton violento, impetuoso
átomo indócil transformado em maré.
Os dois vulcões resplandecem:
entre eles um avião, gota larga
de luz, brusca força obstinada.

2

Apura-se a noite na montanha.
Quantas horas de sombra morreram
Acima? Insone, avança o dia.

Podem as vozes ficar
impressas no ar? Não dura
a espuma, rastro leve e fugaz
a voz clara da soprano.
Que rosto fará o amor
amanhã mesmo? Também será pó?
A sombra deste cisne
ulcera as águas com uma lenta pressa.
Sorridente, o prisioneiro desperta:
entra o canto de um pássaro na cela.
Leis duras obrigam o planeta pequeno
a cruzar o vazio.
Embriagado de felicidade, o sol

nace del mar: ronco el tambor
y tosco su sonido, flor
entre dos aceros triturada.
La luz incendia el amplio espacio.

Se va la sombra paso a paso
hasta el fondo del cielo.
Tiembla dulce la luz
y abraza los objetos con un amor
herido. El mundo es todo suyo.

nasce do mar: rouco o tambor

e seu som tosco, flor

entre duas espadas triturada.

A luz incendeia o espaço amplo.

A sombra se vai passo a passo

Até o fundo do céu.

Treme, doce, a luz

e abraça os objetos com um amor

ferido. O mundo é todo seu.

FUEGO

PURÍSIMA la sombra, dormida como tú.
Igual que una agua mansa.
Igual que un fuego dulce.
La sombra espesa, quieta, suave,
sombra que el aire
trae hasta mis manos, sombra que sangra
en medio de la luz, la densa sombra.

Hermano de lo oscuro, hermano
del silencio que asciende
de la estrella, hermano mineral
de los espejos.
Igual que dos palomas, enemigas.
Tu mano izquierda, gemela de mi amor.
Tu muslo en la batalla con mi beso duro.

La mirada desciende.
Negra es la casa. Mis dedos se confunden
en la sombra, la sombra
suave que zozobra en medio de la luz,
esa sombra que abraza con dulzura

Fogo

PURÍSSIMA, a sombra, dormida como tu.
Igual a uma água mansa.
Igual a um fogo doce.
A sombra espessa, quieta, suave,
sombra que o ar
traz até minhas mãos, sombra que sangra
em meio à luz, sombra densa.

Irmão do escuro, irmão
do silêncio que sobe
da estrela, irmão mineral
dos espelhos.
Como duas pombas, inimigas.
Tua mão esquerda, gêmea de meu amor.
Tua coxa na luta com meu beijo duro.

O olhar desce.
Negra é a casa. Meus dedos se confundem
Na sombra, a sombra
suave que soçobra em meio à luz,
essa sombra que queima com doçura

mi cuerpo hecho de fuego,
de fuego y de memoria,
fuego y más fuego.

Qué deleite mortal en la caverna
oscura. La sombra quieta avanza,
dulcemente encendida.
Igual que un animal petrificado,
igual que los diamantes, puros
de luz azul, llagados por la sombra.

Inmóviles los dos, vivos y en llamas,
consumida la sangre. Gira la tierra,
ignora que vivimos. El mar regresa
con un canto suave. La dulce sombra
en párpados se abate. Los ojos
están ciegos, deslumbrados
por una llama oscura.

Miran sin ver los ojos, adentro de la sombra,
encendida por fin, con todos los colores.

meu corpo feito de fogo,
de fogo e de memória,
fogo e mais fogo.

Que deleite mortal na caverna
Escura. A sombra quieta avança,
acesa docemente. Como um animal petrificado,
como os diamantes, puros
de luz azul, chagados pela sombra.

Imóveis os dois, vivos e em chamas,
consumido o sangue. Gira a terra,
ignora que vivemos. O mar regressa
com um canto suave. A doce sombra
em pálpebras se abate. Os olhos
estão cegos, deslumbrados
por uma chama escura.

Miram sem ver, os olhos, dentro da sombra,
por fim acesa, com todas as cores.

Solsticio

¿En dónde empieza el año?
¿Aquí, en esta noche inmensa,
donde mi pie desnudo huella
un espejo hecho de aire
que se muere de frío?
Crece la vasta soledad nocturna.

¿En dónde empieza el año?
¿Qué día pequeño lo precede,
qué ruido oscuro crece
desde su alta cresta
de niebla densa? La luna
es perseguida por las nubes
blancas y yo pienso en ti
como en la sangre. Las olas
han enmudecido. Hay un silencio
oscuro junto al mar. Me dormiré
abrazado al resplandor tardío
que crece de tu cuerpo.

Solstício

Onde começa o ano?
Aqui, nesta noite imensa,
onde meu pé desnudo demarca
um espelho de ar
que morre de frio?
Cresce a vasta solidão noturna.

Onde começa o ano?
Que dia pequeno o precede,
que ruído escuro cresce
de sua alta crista
de névoa densa? A lua
é perseguida pelas nuvens
brancas, e eu penso em ti
como no sangue. As vagas
emudeceram. Há um silêncio
escuro junto ao mar. Dormirei
abraçado ao resplendor tardio
que cresce de teu corpo.

Aquí, antes que el año cambie,
en esta noche oscura de diciembre,
en donde el sol desparece
tragado por el mar, aquí,
te busco y no te encuentro.
Te palpo y no te siento.

De algún modo que ignoro,
tu piel tendrá que ser la mía.
Sólo distingo lo que llevo dentro.
Te has apoderado de mi corazón
igual que el sol ha sido devorado
por un mar de bronce. El año
lento ya madura en esta noche
inmensa. El horizonte
cambia sin tus ojos
y el viento degüella
nubes blandas.

La muerte empieza a apoderarse
de mi cuerpo: por ella,
al fin, te veo. Por ella soy
el dueño de tu risa. Nazco.
La muerte estaba agazapada
entre mis venas, como el aire
y el agua, como el año y el mar,

Aqui, antes que o ano mude,
nesta noite escura de dezembro,
onde o sol desaparece
tragado pelo mar, aqui,
te procuro e não encontro.
Apalpo-te e não te sinto.

De algum modo que ignoro,
tua pele terá que ser a minha.
Só distingo o que levo dentro.
Apoderaste-te de meu coração
assim como o sol foi devorado
por um mar de bronze. O ano
lento já madura nesta noite
imensa. O horizonte
muda sem teus olhos
e o vento degola
nuvens brandas.

A morte começa a apoderar-se
De meu corpo: por ela,
enfim, te vejo. Por ela sou
o dono de teu sorriso. Nasço.
A morte estava escondida
entre minhas veias, como o ar
e a água, como o ano e o mar,

como el sol que lentamente
se hunde en mi más dura sangre.
Amanezco. El año es nuevo ya
y la noche es inmensa.

Y te quiero,
con ternura y violencia.

como o sol que lentamente
afunda-se no meu sangue mais duro.
Amanheço. O ano é novo já
e a noite é imensa.

E te quero,
com ternura e violência.

Sueños

¿De dónde brota el sueño? ¿Qué fuente,
de oscura y larga sangre, le da vida?
Salvaje es la memoria. Una mano tormenta
me detiene en el campo, el lecho se despliega
como un lago intranquilo. ¿Zozobra
en la bahía de un pequeño velero?
El color que me asalta
ha conservado, duro,
todo el frío del invierno.
¿Por qué la luna cae
hasta el borde fragoso de mi lecho?
Un precipicio entonces aparece.
¿De dónde nace el sueño?
¿De qué manera brusca
lo traduce el idioma?
¿Qué ronca luz crepita
en la ruda garganta castellana?
Piso una tierra grata. Allá,
a lo lejos, un arroyo tranquilo,
el ahuehuete limpio, la ausente luz
del agua, una casa perdida

Sonhos

De onde brota o sonho? Que fonte,
de extenso e escuro sangue, dá-lhe vida?
Selvagem é a memória. Uma mão tormenta
detém-me no campo, o leito se desprega
como um lago intranqüilo. Soçobra
na baía de um pequeno veleiro?
A cor que me assalta
conservou-se, dura,
todo o frio do inverno.
Por que a lua cai
na borda áspera do meu leito?
Um precipício então aparece.
Onde nasce o sonho?
De que maneira brusca
o idioma o traduz?
Que luz rouca crepita
na rude garganta castelhana?
Piso uma terra grata. Ali,
ao longe, um rio tranqüilo,
o ahuehuete limpa, a luz ausente
da água, uma casa perdida

entre el boscaje, acaso tres caballos,
su invisible relincho.
Nada más que el silencio, el silencio
del bosque en la montaña.
El sol es blanco y resplandece.
Estoy inmerso en un letargo
de cristal profundo.
La especie entera me acompaña
en este franco sueño y sin fronteras.
En el regazo lento de las horas
se adormece el idioma.
Hombres sin lengua sueñan
con las voces del agua.
Asciendo al monte con ligeros pasos:
escucho larga y lenta queja
en un roble oxidado.
¿Del mismo manantial que el sueño la memoria?
Este sueño es más real
que la oscura ciudad en la que habito.
Merece ser más real, más existente.
Toco tu cuerpo, amor,
eco del sol desnudo y tembloroso.
Él me despierta
a este otro sueño azul,
más verdadero.?

no bosque, talvez três cavalos,
seu relincho invisível.
Nada mais que o silêncio, o silêncio
do bosque na montanha.
O sol é branco e resplandece.
Estou imerso em um torpor
de profundo cristal.
A espécie inteira me acompanha
Neste sonho franco e sem fronteiras.
No regaço lento das horas
o idioma adormece.
Homens sem língua sonham
com as vozes da água.
Subo o monte com passos rápidos:
escuto larga e lenta queixa
em um carvalho oxidado.
Do que mesmo manancial que o sonho, a memória?
Este sonho é mais real
que a cidade escura em que habito.
Merece ser mais real, mais existente.
Toco teu corpo, amor,
eco do sol despido e trêmulo.
Ele me desperta
para este outro sonho azul,
mais verdadeiro?

EL COCODRILO avanza presuroso
en el espejo lóbrego del río,
el tiburón hace brillar su aleta
en esa tarde larga,
de la que fueron desterradas,
por siempre, las estrellas,
la luna sucia se destruye
en este mar de pronto inmóvil,
cuerpo de sal, de fango y de ceniza.
Todo lo que recuerdo,
lo que consigno aquí, como amanuense
ciego que da razón de lo que ha visto,
¿fue soñado o mentira? ¿Dónde vi yo
esa mano? ¿Acaso la soñé? ESA LUZ
de la tarde, esa luz, precisamente
ésa, la luz de aquel foco
en la escuela nocturna,
la luz de ese foco moribundo
cuando el viento era frío y era otoño,
esa tarde en que avanzaba
hacia la casa en sombras y sin gente,
esa luz recordada, ¿llega
hasta mí desde la infancia?
Pues cuando sueño el mineral,
¿qué sueño? Tan sólo
me apresuro a soñar el polvo que seré.

VELOZ, AVANÇA o crocodilo
no espelho lôbrego do rio,
o tubarão faz brilhar sua barbatana
nessa tarde larga,
de que foram desterradas,
para sempre, as estrelas,
a lua suja se destrói
neste mar já imóvel,
corpo de sal, de lodo e cinza.
Todo o que recordo,
o que consigno aqui, como amanuense
cego que dá o sentido do que viu,
foi sonho ou mentira? Onde vi eu
essa mão? Por acaso a sonhei? Essa luz
da tarde, essa luz, precisamente
essa, a luz daquele foco
na escola noturna,
a luz desse foco moribundo
quando o vento era frio e era outono,
essa tarde em que avançava
em direção à casa sombreada e sem gente,
essa luz recordada, chega
a mim vinda da infância?
Pois quando sonho o mineral,
o que sonho? Apenas
me apresso a sonhar o pó que serei.

Mi mano está llena de herrumbre,
tiene artritis y frío.
El caos que la música desata,
¿soy yo también?
Pesadilla y tiniebla. Soy un resto
de carne entre los dientes implacables
DE una fiera que sueña.?

COMO si entrara por una puerta
de mármol o cristal de roca.
Como si el quicio de esa puerta
estuviera abatido. Como si los umbrales
fueran de aire y nada más que de aire.
Como si el aire fuera espejo vano
o un cristal sombrío. Como si el dintel
no fuera punto de salida,
sino un espacio lúbrico de encuentros.
Como si ahí, contra el viento,
se abatieran las hojas de la puerta.
¿Abro los ojos o abro la puerta?
¿Hacia dónde se abren los ojos
de la puerta? La puerta son los ojos
y me hundo en el sueño. Sueño
este sueño duro del diamante.?

DEBAJO de la piedra, detrás

Minha mão está cheia de ferrugem,
tem artrite e frio.
O caos que a música desata
sou eu também?
Pesadelo e treva. Sou um resto
de carne entre os dentes implacáveis
de uma fera que sonha?

Como se entrasse por uma porta
de mármore ou cristal de rocha.
Como se o gonzo dessa porta
estivesse derrubado. Como se os umbrais
fossem de ar e nada mais que de ar.
Como se o ar fosse espelho vão
ou cristal sombrio. Como se o dentel
não fosse ponto de saída,
mas um espaço lúbrico de encontros.
Como se aí, contra o vento,
se abatessem as folhas da porta.
Abro os olhos ou abro a porta?
Para onde se abrem os olhos
da porta? A porta é os olhos,
e me afundo no sonho. Sonho
este sonho duro do diamante?

Debaixo da pedra, detrás

de los recuerdos. Tarántulas,
hormigas, avispas insistentes,
los ánades agudos
que avanzan hacia el sur
en un cielo de bronce,
el horizonte desgarrado
en cien colores turbios.
El aire queda quieto, el silencio
es enorme y la palabra
una herramienta inútil. Los dioses
han enmudecido en esa tarde inmensa.
El mar es una boca negra y todo él
los labios de una espada.
Las estrellas entonces aparecen
con un ruido que espanta,
semillas puras arrojadas
en un campo de hielo.
Se dilata el espacio. En el silencio
estrépito de sombras, se destaca
una rosa moribunda,
con olor a crepúsculo podrido.
Todo efecto ha cesado. Las causas
resplandecen producidas una vez
y otra vez por nuevas causas. Danza
la tierra un baile largo.
Un trompo ebrio guarda su equilibrio.

das lembranças. Tarântulas,
formigas, vespas insistentes,
os patos agudos
que avançam para o sul
em um céu de bronze,
o horizonte desgarrado
em cem cores turvas.
O ar se aquieta, o silêncio
é enorme e a palavra
uma ferramenta inútil. Os deuses
emudeceram nessa tarde imensa.
O mar é uma boca negra e ele todo
os lábios de uma espada.
As estrelas então aparecem
com um ruído que espanta,
sementes puras jogadas
num campo de gelo.
Dilata-se o espaço. No silêncio
estrépito de sombras, destaca-se
uma rosa moribunda
que sabe a crepúsculo apodrecido.
Todo efeito cessou. As causas
resplandecem produzidas uma vez
e outra vez por novas causas. A terra
dança um baile largo.
Um pião ébrio conserva seu equilíbrio.

El mar, la luz,
la playa seca, el vuelo de los gansos,
las voces de mi madre llamándome
a la mesa, EL naranjo, el ciruelo
dulcísimo que abría sus brazos suaves
hacia el tejado negro de la casa,
el sapo de ojo insomne en el baño
clausurado por la noche. No hay tiempo,
no hay lugar, todos los sitios
arrancan de mi cráneo.
Ese tiempo, ese espacio
cerrado por helechos, esa parra famélica,
ese vuelo de las aves nocturnas
que mis ojos descubren en la noche
amigable, las alas blancas
de la lechuza que brotaba
en la ceiba cercana, aquí,
junto a mi casa muerta, todo
arranca de mi cráneo y ocupa
el mismo espacio, ilimitado
y duro, el mismo tiempo,
sucio, del cerebro.?

ENTRO en la cueva de Nadie.
Una piara de cerdos me acompaña.
Todos volvemos a entrar

O mar, a luz,
a praia seca, o vôo dos gansos,
as vozes de minha mãe chamando-me
à mesa, a laranjeira, a ameixeira
dulcíssima que abria seus braços suaves
para o telhado negro da casa,
o sapo de olho insone no banho
enclausurado pela noite. Não há tempo,
não há espaço, todos os lugares
brotam do meu crânio.
Esse tempo, esse espaço
fechado por samambaias, essa parreira famélica,
esse vôo das aves noturnas
que meus olhos descobrem na noite
amigável, as asas brancas
da coruja que brotava
da árvore próxima, aqui,
junto a minha casa morta, tudo
brota de meu crânio e ocupa
o mesmo espaço, ilimitado
e duro, o mesmo tempo,
sujo, do cérebro. ?

ENTRO na cova de Ninguém.
Uma piara de porcos me acompanha.
Todos voltamos a entrar

en esa gruta quieta.

Hay un rigor extraño

en todo sueño. Vuelvo la vista

atrás y estoy hecho de ojos.

El cadáver reciente parecía

un hilacho sin viento.

Mientras, en el carro enemigo,

entre los llantos

y el estertor sonámbulo,

mi padre ayuda a quienes van a morir

y fueron atrapados entre los hierros

rotos y el alambre, hombres desconocidos

que agonizan sin dolor ni palabras.

Miro siempre esa imagen, miro

la muerte. Miro este colibrí

alegre de colores,

el sol occidental que engulle

el mar del Sur. Hasta la flor conserva

un color semejante al de la tierra,

la serpiente se traga a la paloma,

zumba la abeja entre cactos y amapas.

Nada se guarda ni reposa. Los ángeles

despiertan, empuñando la espada.

Te toco, entonces, corazón.

Estás hecha de mí.

Tejido extraño el de los sueños,

nessa gruta quieta.

Há um rigor estranho

em todo sonho. Volta os olhos

para trás e estou feito de olhos.

O cadáver recente parecia

um fiapo sem vento.

Enquanto isso, no carro inimigo,

entre os prantos

e o estertor sonâmbulo,

meu pai ajuda a quem vai morrer

e foram presos entre os ferros

rotos e o arame, homens desconhecidos

que agonizam sem dor nem palavras.

Olho sempre essa imagem, olho

a morte. Olho este colibri

alegre de cores,

o sol ocidental que engole

o mar do Sul. Até a flor conserva

uma cor semelhante à da terra,

a serpente engole a pomba,

zune a abelha entre cactos e amapas.

Nada se preserva nem repousa. Os anjos

despertam, empunhando a espada.

Toco-te, então, coração.

Estás feita de mim.

Tecido estranho dos sonhos,

la misma urdimbre, ciega,
en la memoria. soy un puro animal,
un sujeto anhelante,
una planta que crece sin escrúpulos,
aplastándolo todo. Te palpo
y tu piel, tu cuerpo entero
están hechos de labios. Un desastre
del alma, un naufragio,
un terremoto azul que me despierta.?

Hombres multicolores con cabezas
de pájaro o serpiente, mandriles
de máscara turquesa, una estufa
de hierro, piedras que filtran
un agua fresca y transparente,
¿dónde estamos, perdidos?
En la isla de piedra
se adelanta la noche
y un lejano motor viene a nosotros.
La cicatriz profunda que tengo
en el pie izquierdo, el brusco
nacimiento de un hermano, la casa
en que anidaban, zureando, las palomas,
rasgos confusos de la historia.
La tempestad nocturna, ese viento
que arrebató los árboles de cuajo,

a mesma urdidura, cega,
na memória. Sou um puro animal,
um sujeito anelante,
uma planta que cresce sem escrúpulos,
esmagando tudo. Apalpo-te
e tua pele, teu corpo inteiro
estão feitos de lábios. Um desastre
da alma, um naufrágio,
um terremoto azul que me desperta. ?

Homens multicores com cabeças
De pássaro ou serpente, mandris
de máscara turquesa, uma estufa
de ferro, pedras que filtram
uma água fresca e transparente,
onde estamos, perdidos?
Na ilha de pedra
adianta-se a noite
e um longínquo morto vem até nós.
A cicatriz profunda que tenho
no pé esquerdo, o brusco
nascimento de um irmão, a casa
em que se aninhavam, arrulhando, as pombas,
traços confusos da história.
A tempestade noturna, esse vento
que arrebatou as árvores de coalho,

esos pájaros flacos, ateridos,
sin rama, paz ni cielo. Qué blancas
alas de la luna llena. Nada puedo
lograr, el mundo se estremece,
tan lejano de mí.
Lenguas de fuego lamen
el cuerpo intacto de la noche.
Dime, lechuza,
habla, tarántula, responde, ganso
salvaje que destrocé en la tarde
mansa del invierno, ¿qué resta ahora
de este viaje larguísimo? ¿Qué hay
detrás de la bóveda abierta de la noche?
¿Qué silencio durísimo desata
la geometría perfecta de la estrella?
Sólo está en pie la duda. Arrojo
al hondo cielo una red de preguntas.
Crepitan alacranes en la suave fogata.
Ya no sueño ni imploro,
tumba larga del sol
es el crepúsculo. El arroyo
está sucio y la poesía se yergue
otra vez en la distancia.
¿Qué voz resurge aquí?
¿Qué palabra no oída? ¿Qué lengua
de oro brota en el árbol destruido

esses pássaros fracos, inteiriçados,
sem rama, paz nem céu. Que brancas
asas da lua cheia. Nada posso
lograr, o mundo se estremece,
tão distante de mim.
Línguas de fogo lambem
o corpo intacto da noite.
Diga-me, coruja,
fala, tarântula, responde, ganso
selvagem que destrocei na tarde
mansa do inverno: que resta agora
desta tão larga viagem? Que há
detrás da abóbada aberta da noite?
Que silêncio duríssimo desata
a geometria perfeita da estrela?
Só a dúvida está de pé. Lanço
ao fundo céu uma rede de perguntas.
Crepitam escorpiões na suave fogueira.
Já não sonho nem imploro,
tumba larga do sol
és o crepúsculo. O arroio
está sujo e a poesia se ergue
outra vez na distância.
Que voz ressurge aqui?
Que palavra não ouvida? Que língua
de ouro nasce na árvore destruída

por el rayo? ¿Qué sintaxis descifra
la palabra tormenta? Soledades abiertas
en el campo. Cerrada está la puerta,
clausurado el dominio, la razón,
clausurada, callada la memoria.
Aquí está el edificio, la palabra
final. Aquí, en el fondo destruido
de la noche, se levanta la casa
del idioma, el dintel monolito,
la metáfora. Me duermo contra el cielo,
de cara al occidente. Un carro
en ruinas se aproxima, una balanza
fría, un alacrán terrible, un cangrejo
espantoso, un arquero implacable,
dos niños que se aman y combaten,
un toro azul que brama por Europa,
un par de peces devorados, una virgen
que llora, un león color de miel
que mastica corderos, un borrego
cimarrón que trepa por la escarpada
loma de la noche, trazos sin fin
de las estrellas, ruta larga del sol
de invierno a invierno. El mar fue
sometido por los barcos lentos:
fósforos diminutos que un tiempo
bárbaro cancela. Duermo ahí,

pelo raio? Que sintaxe decifra
a palavra tormenta? Solidões abertas
no campo. Cerrada está a porta
enclausurado o domínio, a razão,
enclausurada, calada a memória.
Aqui está o edifício, a palavra
Final. Aqui, no fundo destruído
da noite, levanta-se a casa
do idioma, o dentel monólito,
a metáfora. Durmo contra o céu,
de cara para o ocidente. Um carro
em ruínas se aproxima, uma balança
fria, um escorpião terrível, um caranguejo
espantoso, um arqueiro implacável,
dois meninos que se amam e combatem,
um touro azul que brame por Europa,
um par de peixes devorados, uma virgem
que chora, um leão cor de mel
que mastiga cordeiros, um borrego
chimarrão que trepa pela escarpada
lombada da noite, riscos sem fim
das estrelas, rota larga do sol
de inverno a inverno. O mar foi
dominado pelos barcos lentos:
fósforos diminutos que um tempo
bárbaro cancela. Durmo aí,

entre las olas.
Un cielo negro estalla, arriba.?

¿En qué tierra de óxido caminan
las mujeres de espuma?
¿En dónde están los once ríos
que bajan hacia el mar?
¿Están en un rincón
de la memoria? ¿De qué modo espantoso
están aquí, arrasando mi cuerpo?
El río del Fuerte, el río raíz,
ese río que inundó de rumor y tormenta
las noches de mi infancia, ¿en dónde
está? ¿Qué agua de dolor nos trae
ahora por su cauce intranquilo?
La piedra lo contuvo, arriba,
tan sólo por un día. ¿En dónde están
los matachines, en dónde los pascolas?
¿En dónde se quedaron aquellos rostros
duros? ¿Por qué rincón del viento
pudieron escaparse? ¿En dónde está
Sandokan? ¿Y el caballo Minuto,
el caballo Serrano? La niña
que lloraba en el mesón cerrado

entre as ondas.

Um céu negro estala, acima. ?

EM QUE terra de óxido caminham
as mulheres de espuma?
Onde estão os onze rios
que descem para o mar?
Estão em um recanto
da memória? De que modo espantoso
estão aqui, arrasando meu corpo?
O rio do Forte, o rio raiz,
Esse rio que inundou de rumor e tormenta
as noites de minha infância, onde
está? Que água de dor nos traz
agora por seu leito intranqüilo?
A pedra o deteve, acima,
apenas por um dia. Onde estão
os magarefes, onde os pascolas[1]
Onde ficaram aqueles rostos
Duros? Por que recanto do vento
puderam escapar? Onde está
Sandokan? E o cavalo Minuto,
o cavalo Serrano? A menina
que chorava na pousada cerrada

---

1. Pascolas são danças do norte do México, do Estado de Chihahua.

a piedra y lodo, la niña que lloraba
sin gemido, mientras la voz del Cid
gritaba "En marcha", ¿en dónde está?
¿La imaginó en la sombra un invisible
mester de juglaría? ¿Vivió en verdad?
¿La he olvidado ya, una y mil veces?
Aquellos bailarines del venado,
aquellos hombres sucios que quebraban
las ebriedades roncas de la noche,
¿a dónde se escaparon?
¿Fueron arrancados del desierto
para subir al teatro y corromperse?
El cielo azul, sin límites, sin nubes,
¿en dónde está? ¿Qué se hizo aquella
iglesia pobre, hecha toda de luz
enlodada y sangrante? Aquella iglesia
en la que entraban solamente los indios,
¿fue devorada por las aguas? ¿Por fin
se tragó el mar todas las aguas? ?

Soledades nocturnas. Hay un hueco
sin sangre en la palabra.
Las voces avanzan en silencio,
del vacío hacia el vacío,
estrellas moribundas que conjugan
sólo el verbo dolor.

a pedra e lodo, a menina que chorava
sem gemido, enquanto a voz do El Cid
gritava "Em marcha", onde está?
Imaginou-a na sombra um invisível
mister de jogral? Viveu de fato?
Esqueci-a já, uma e mil vezes?
Aqueles bailarinos da dança do cervo,
aqueles homens sujos que quebravam
a embriaguez rouca da noite,
pra onde fugiram?
Foram arrancados do deserto
para subir ao teatro e corromper-se?
O céu azul, sem limites, sem nuvens,
onde está? Que se fez daquela
igreja pobre, toda feita de luz
enlameada e sangrenta? Aquela igreja
em que somente entravam os índios,
foi devorada pelas águas? Enfim
engoliu o mar todas as águas? ?

SOLIDÕES noturnas. Há um
oco sem sangue na palavra.
As vozes avançam em silêncio,
do vazio até o vazio,
estrelas moribundas que conjugam
só o verbo dor.

Las galaxias entonces agonizan,
el canto se fractura, y yo quedo
construido por desgarros,
cuando no hay más que dolor,
nada más que silencio
y un desnudo dolor.
¿De dónde nace este profundo sueño
que no cesa? Los dioses carecen
de palabras y tan sólo nos miran.
Todos soñamos siempre
el mismo sueño. Quiero entender
y estoy de pronto en el abismo,
cuerpo leve y sin peso, gracia pura
y que sueña. Hay una voz antigua,
una voz que me azota desde adentro,
una voz que me ordena y me contiene.
Es una voz de bronce, tiene el tono
y el aire del acero. Nada me ofrece
a cambio, solamente me ordena.
Su estela decisiva, ¿nació
en la matemática precisa dibujada
en el cielo? El hombre tiembla
cuando escucha esta desnuda voz
de los aceros. La clara voz de bronce
embarga de terror en quien resuena,
como el trueno de un dios en la tormenta.

As galáxias então agonizam,
o canto se fratura, e eu resto
construído por dilaceramentos,
quando não há mais que dor,
nada mais que silêncio
e uma dor desnuda.
De onde nasce este sonho profundo
que não cessa? Os deuses carecem
de palavras e apenas nos olham.
Todos sonhamos sempre
o mesmo sonho. Quero entender
e estou já no abismo,
corpo leve e sem peso, pura graça
e que sonha. Há uma voz antiga,
uma voz que me açoita dentro,
uma voz que me ordena e me contém.
É uma voz de bronze, tem o tom
E o ar do aço. Nada me oferece
em troca, apenas me ordena.
Seu rasgo decisivo: nasceu
na matemática precisa desenhada
no céu? O homem treme
quando escuta esta voz desnuda
dos aços. A clara voz de bronze
embarga de terror em quem ressoa,
como o trovão de um deus na tormenta.

En ese mismo espacio grande nace el canto.
¿De qué manera impura traduce un sustantivo
la negra luz de tu cabello? La alegría
que me das es tan solo alegría, no es
palabra. ¿Debo quitar el velo
que la cubre, transformarla en sonido?
El canto ya recibe hospedaje en mi boca,
es una gracia cierta, un don inmenso.
Yo debo traducir, desde el silencio,
el oscuro sentido de las cosas.
Pero es más fuerte la ceniza,
es más fuerte el silencio. ?

EL TIBURÓN está varado y su ojo
es arena. Yo lo miro y no entiendo,
nadie sabe que el año se aproxima,
derrumbándolo TODO. La duda sola
permanece, la tierra se echó a andar,
la piedra se deshizo. Así nació
la voz demonio, la palabra
más cierta. Ya no puedo dormir,
aquí amarrado por un terrible nudo
de preguntas. ¿A dónde se va el cielo?
¿A dónde avanza el cielo, en orden
de batalla? La palabra no basta.
Un corazón sin sangre

Nesse mesmo espaço grande nasce o canto.
De que maneira impura traduz um substantivo
a negra luz de teu cabelo? A alegria
que me dás é só alegria, não é
palavra. Devo tirar o véu
que a cobre, transforma-la em som?
O canto já ganha hospedagem em minha boca,
é uma graça certa, um dom imenso.
Eu devo traduzir, a partir do silêncio,
o escuro sentido das coisas.
Mas é mais forte a cinza,
é mais forte o silêncio. ?

O TUBARÃO está varado e seu olho
é areia. Eu o olho e não entendo,
ninguém sabe que o ano se aproxima
derrubando tudo. Só a dúvida
permanece, a terra se pôs a andar,
a pedra se desfez. Assim nasceu
a voz demônio, a palavra
mais certa. Já não posso dormir,
aqui amarrado por um terrível laço
de perguntas. Aonde se vai o céu?
Aonde avança o céu, em ordem
de batalha? A palavra não basta.
Um coração sem sangue

palpita y se contrae, qué silencio
y desastre, qué silencio y naufragio,
qué silencio y preguntas, qué silencio
y dolor, qué lenguaje y dolor,
qué palabra y dolor,
qué metal y dolor, qué silencio tan vasto,
qué silencio tan vasto, qué silencio
tan vasto.

VUELVO una vez más al mismo sitio,
el espacio profundo de la tarde.
Resplandece el idioma,
un lugar amoroso en el que entro,
que me llena y me salva.
Aquí la luz del sol quedó podrida,
maduraron las nubes,
la naranja encendida
quedó multiplicada entre las sombras.
En la tarde vastísima, el ser
desnudo abre su misterio. Estoy
ahí, frente al mar y el silencio.
Es el momento extremo, se avecina
la muerte. Nace de pronto
el astro de la tarde y desciende
el amor hasta mis ojos. Ese planeta
marca mi existencia aunque su imperio

palpita e se contrai, que silêncio
e desastre, que silêncio e naufrágio,
que silêncio e perguntas, que silêncio
e dor, que linguagem e dor,
que palavra e dor,
que metal e dor, que silêncio tão vasto,
que silêncio tão vasto, que silêncio
tão vasto.

VOLTO mais uma vez ao mesmo lugar,
o espaço profundo da tarde.
Resplandece o idioma,
um lugar amoroso em que entro,
que me preenche e me salva.
Aqui a luz do sol apodreceu,
maduraram as nuvens,
a laranja incendiada
multiplicou-se entre as sombras.
Na tarde vastíssima, o ser
desnudo abre seu mistério. Estou
aí, frente ao mar e o silêncio.
É o momento extremo, avizinha-se
a morte. Logo nasce
o astro da tarde e desce
o amor até meus olhos. Esse planeta
marca minha existência, embora seu império

dure apenas un instante.

El mar Bermejo lo devora.

¿Estoy hecho de voces?

Busco un sentido,
una huella visible en la estela
del ánade salvaje que vuela rumbo
al sur, a todo viento. ¿Qué signo
de qué historia está trazado
en el molusco seco que mi pie
desentierra? El ser se multiplica
en la tarde imposible. Soledades
abiertas. Me absorbe el horizonte.

¿Qué extraña arquitectura del paisaje
brotó en el polvo,
quedó guardada en la montaña?

La sonrisa de Bach llama a lo lejos.

¿Qué música, qué espuma,
qué colores tardíos
se derrumban, a plomo,
en el álamo oscuro?

El azar se abraza al infinito
y el mundo se desliza hacia el abismo.

La tarde se resiste,
ya no quiere morir. En el árbol de plata,
la lechuza empieza a abrir sus alas
a la noche. Los pájaros, las nubes,

dure apenas um instante.

O mar Vermelho o devora.

Estou feito de vozes?

Busco um sentido,

um vestígio visível na trilha

do pato selvagem que voa rumo

ao sul, a todo vento. Que signo

de que história está traçado

no molusco seco que meu pé

desenterra? O ser se multiplica

na tarde impossível. Solidões

abertas. O horizonte me absorve.

Que estranha arquitetura da paisagem

brotou no pó,

ficou guardada na montanha?

O sorriso de Bach chama ao longe.

Que música, que espuma,

que cores tardias

precipitam-se, verticalmente,

no álamo escuro?

O acaso abraça o infinito

e o mundo desliza até o abismo.

A tarde resiste,

Já não quer morrer. Na árvore de prata,

A coruja começa a abrir suas asas

para a noite. Os pássaros, as nuvens,

los minerales lentos ofrecen resistencia
a las palabras; nada penetra su coraza,
están profundamente opacos
al idioma. Pero tendrán que ser cristal,
una desnuda transparencia
a la voz de metal que los construya.
¿Podré saber?
Mi mano súbita te toca y despierta
el paisaje, el mundo entero,
adentro de nosotros.

os minerais lentos oferecem resistência
às palavras; nada penetra sua couraça,
estão profundamente opacos
ao idioma. Mas terão que ser cristal,
uma transparência desnuda
à voz de metal que os construa.
Poderei saber?
Minha mão súbita te toca e desperta
a paisagem, o mundo inteiro,
dentro de nós.

Dominio De La Tarde

La luz ciega a la luz.
Olas allá, olas de luz,
marejadas de luz,
rocas largas de luz,
granos rotos de luz que la luz,
allá arriba, de un manotazo brusco
aniquila y congela. El cuerpo
de las cosas, tan cercano,
nos resulta visible
en su perfil exacto y detenido:
son ya columnas sólidas de espuma
en medio de la luz, bárbara y blanca.
El día está limpio y se abre, inmenso.
Pájaros altos rasgan el cielo inmóvil
y perfecto: sombras inquietas, mudas,
que oscilan graves al vaivén del viento.
¿Signos siniestros
se abaten contra el mar de plomo?
El mar está en reposo.
¿Por su techo tranquilo caminan
las palomas? ¿Hay aquí un cementerio

Domínio da tarde

A luz cega a luz.
Ondas, ondas de luz,
marejadas de luz,
rochas largas de luz,
grãos rotos de luz que a luz,
ali em cima, com uma bofetada brusca
aniquila e congela. O corpo
das coisas tão próximo,
torna-se visível
em seu perfil exato e detido:
são colunas sólidas de espuma
em meio à luz, bárbara e branca.
O dia está limpo e se abre, imenso.
Pássaros altos rasgam o céu imóvel
e perfeito: sombras inquietas, mudas,
que oscilam graves ao vaivém do vento.
Signos sinistros
abatem-se contra o mar de chumbo?
O mar está em repouso.
Pelo seu teto tranqüilo caminham
as pombas? Há aqui um cemitério

entre los pinos ralos y la playa?
No, aquí todo es de luz, de pura luz,
de luz muy cierta, y el sol tiene
un sonido largo, como un plato
de bronce que sonara una vez
y otra vez, hasta el cansancio,
hasta que sonido y colores
se fundieran en sangre.
El sol es una espada
insolente y desnuda,
encajada en el mar y sus olas tenaces.
¿En qué medida están
los nombres intactos
en las cosas? Orden de hierro
turbio, la razón enmudece.
Mientras duermo, se pierden
las palabras. En el sueño,
la palabra se vuelve una asesina.
¿La palabra asesina?
¿De qué modo improbable
un sonido ordenado me descubre a la rosa?
¿Hay un eco espantoso en el sordo
universo? ¿A través de qué campo
se transmite esa ola? ¿Qué salvaje
explosión liberó la energía?
Está aquí la primavera, toda verde

entre os pinos ralos e a praia?
Não, aqui tudo é de luz, de luz pura,
de luz muito certa, e o sol tem
um som largo, como um prato
de bronze que soasse uma vez
e outra vez, até o cansaço,
até que som e cores
se fundissem em sangue.
O sol é uma espada
insolente e desnuda,
encaixada no mar e suas ondas tenazes.
Em que medida estão
os nomes intactos
nas coisas? Ordem de ferro
turvo, a razão emudece.
Enquanto durmo, perdem-se
as palavras. No sonho,
a palavra torna-se uma assassina.
A palavra assassina?
De que modo improvável
um som ordenado me descobre para a rosa?
Há um eco espantoso no surdo
Universo? Através de que campo
Se transmite essa onda? Que selvagem
Explosão liberou a energia?
Aqui está a primavera, toda verde

en la hiedra, palpable en la montaña.
Ya se ahonda en mi mano. Me basta
abrir los ojos. La paloma zurea,
el tordo vuela, de cosecha
en cosecha, el colibrí se deleita
en la flor asombrosa. ¿Para qué
las palabras? El sol abre la puerta
a la razón impura y cancela en ese acto
el universo. La luz tiene una llave
que cierra, temblorosa, la puerta
que da al cielo. Cegadas por la luz,
se alejan las estrellas. Basta entonces
con que abramos los ojos:
el mundo se sostiene adentro de la luz,
la pura luz. Los pájaros despiertan,
la razón resplandece, la palabra
precisa se ilumina. ¿Sólo así
conocemos? ¿Hay un rigor de acero
en la lengua algebraica? El signo
matemático, ¿le da forma al silencio?
La estructura vacía, la forma
del cristal, la línea de la esfera,
¿son ellas la verdad,
la verdad que buscamos, nítida,
contundente y segura? Se levanta
el suplicio, un árbol de ceniza

na hera, palpável na montanha.
Já se afunda em minha mão. Basta-me
abrir os olhos. A pomba arrulha,
o tordo voa, de colheita
a colheita, o colibri se deleita
na flor assombrosa. Para que
as palavras? O sol abre a porta
à razão impura e cancela nesse ato
o universo. A luz tem uma chave
que cerra, trêmula, a porta
que dá ao céu. Cegas pela luz,
afastam-se as estrelas. Basta então
abrirmos os olhos:
o mundo se sustenta dentro da luz,
a luz pura. Os pássaros despertam,
a razão resplandece, a palavra
precisa se ilumina. Só assim
conhecemos? Há um rigor de aço
na língua algébrica? O signo
matemático dá forma ao silêncio?
A estrutura vazia, a forma
do cristal, a linha da esfera:
são elas a verdade,
a verdade que buscamos, nítida,
contundente e segura? Levanta-se
o suplício, uma árvore de cinza

crece, sucio, en el prado.
¿Es éste el mundo verdadero?
¿Debo traducir a palabras
la sonrisa en tu rostro?
¿Qué obtiene el mundo
si tu piel es palabra?
¿Aumentará la luz un gramo
si hablo del peso, leve, de tu pie
con palabras de espuma?
La sangre se edifica en ella misma.
¿Qué mensaje trazado por un ángel,
con qué fuerzas brutales me levanta,
traducido en palabras?
Agoniza el lenguaje.
Mi nombre mismo, ¿acaso
es sólo mío? ¿De qué modo
inconstante se me adhieren
estas cáscaras sordas de palabras?
Edificio de huesos, bastidores
de sangre, torre inútil de asalto,
¿la historia misma me ha construido?
¿Establezco un combate con mi nombre?
Las cosas se rebelan
contra el sonido impuro
que pretende encerrarlas,
en cada nombre descubren enemigos.

cresce, suja, no prado.
É este o mundo verdadeiro?
Devo traduzir em palavras
o sorriso em teu rosto?
Que ganha o mundo
se tua pele é palavra?
Aumentará a luz um grama
se falo do peso, leve, de teu pé
com palavras de espuma?
O sangue se edifica nele mesmo.
Que mensagem traçada por um anjo,
com que forças brutais me levanta,
traduzido em palavras?
Agoniza a linguagem.
Meu próprio nome por acaso
é só meu? De que modo
inconstante se aderem a mim
estas cascas surdas de palavras?
Edifício de ossos, bastidores de
sangue, torre inútil de assalto,
a história construiu-me?
Estabeleço um combate com meu nome?
As coisas se rebelam
contra o som impuro
que pretende encerrá-las,
em cada nome descobrem inimigos.

Toda palabra se conoce mentira.
Arden las voces como un tizón
de sangre en la garganta.
Llego por fin al callado
dominio de la tarde. Ya no sé
si es otoño, ignoro si es agosto.
Sólo sé que esta niña es primavera,
que su edad es de enero.
Tres niñas más
en este sitio me alcanzaron.
Paz y virtud, conocimiento,
en ellas otra vez renazco, entero,
en las sílabas lentas de sus nombres.
Se amplía en las nubes
la esfera de la tarde.
Hay algo aquí, un fondo turbio,
un lodazal inmenso. Las nubes
se desgranan, se desgajan,
se desangran. Un astro
blanco resplandece, mudo: el amor
se levanta desde el fondo del mar.
¿En dónde estaba, a dónde se había ido?
Estaba ahí, ciego, mirando, castrado
por la luz. La tierra estaba inmóvil
y la luz encandecía a la luz,
tanta es su fuerza.

192 | Jaime Labastida

Toda palavra sabe-se mentira.
Ardem as vozes como um tição
de sangue na garganta.
Chego por fim ao calado
domínio da tarde. Já não sei
se é outono, ignoro se é agosto.
Só sei que esta menina é primavera,
Que sua idade é de janeiro.
Três meninas más
neste lugar me alcançaram.
Paz e virtude, conhecimento,
nelas outra vez renasço, inteiro,
nas sílabas lentas de seus nomes.
Amplia-se nas nuvens
A esfera da tarde.
Aqui há algo, um fundo turvo,
um lodaçal imenso. As nuvens
debulham-se, se desgalham,
se desangram. Um astro
branco resplandece, mudo: o amor
se levanta do fundo do mar.
Onde estava, onde havia ido?
Aqui estava, cego, olhando, castrado
pela luz. A terra estava imóvel
e a luz incendiava a luz,
tanta era sua força.

La oscuridad posee una llave
con la que abre, segura,
otro espacio infinito.
Nos sabemos desnudos,
nos sabemos pequeños, la noche
nos brinda otra certeza. La tarde
anuncia, con su rojo sombrío,
un instante de gracia. Nada
sabemos, acaso que morimos.
¿Escuchas esa explosión,
larga y lejana? ¿Escuchas el eco
de la explosión que aquí resuena,
de planeta en planeta? ¿Esquirlas
blancas las estrellas? Gira
la tierra, condenada a castigo.
Con esa misma ley,
durísima, se encadenan
los átomos. Sólo el tacto
está vivo. Tú me haces salir
de un hondo pozo, tu cuerpo
en comunión desnuda
con la sangre. Será bastante.
Aquí sabremos, arrojados de bruces,
mirando hacia el abismo, hacia
el cielo frío y sus astros azules.
¡Qué barrancas enormes!

A escuridão possui uma chave
com que abre, segura,
outro espaço infinito.
Sabemo-nos desnudos,
sabemo-nos pequenos, a noite
nos brinda com outra certeza. A tarde
anuncia, com seu encarnado sombrio,
um instante de graça. Nada
sabemos, talvez que morremos.
Escutas essa explosão,
larga e distante? Escutas o eco
da explosão que aqui ressoa,
de planeta em planeta? Esquírolas
brancas, as estrelas? Gira
a terra, condenada a castigo.
Com essa mesma lei,
duríssima, encadeiam-se
os átomos. Só o tato
está vivo. Tu me fazes sair
de um fundo poço, teu corpo
em comunhão desnuda
com o sangue. Será bastante.
Aqui sabemos, caídos de bruços,
olhando para o abismo, até
o céu frio e seus astros azuis.
Que barrancas enormes!

La oscuridad ha abierto
su puerta de cristal. El mundo
es generoso y nos hace pequeños.
Todo duerme en la noche, sólo
avanzan descalzos el mar
y la conciencia. El tacto
se enardece. ¿Duerme aquí
la razón? El mar es una garganta
que brama y que no cesa. Nada
le dice al mar la primavera,
sólo la luz y el viento
lo perturban. En mitad
del crepúsculo, la mirada se aquieta.
¿De qué modo oscilante
se ha encadenado a las cosas
la palabra? Ahí estaban los astros,
ahí estaban, huyendo, del vacío
hacia el vacío, ocultos por la luz
como en la sombra, tu palabra
amorosa me levanta.
Los dos nos desgarramos, nos construimos
en la luz turbulenta.
Luz contra luz, granos rotos
de luz, rocas largas de luz
que la luz, aquí abajo,
con sus suaves silencios,

A escuridão abriu
sua porta de cristal. O mundo
é generoso e nos faz pequenos.
Tudo dorme na noite, só
avançam descalços o mar
e a consciência. O tato
excita-se. Dorme aqui
a razão? O mar é uma garganta
que brame e que não cessa. Nada
diz ao mar a primavera,
apenas a luz e o vento
o perturbam. Na metade
do crepúsculo, a mirada se aquieta.
De que modo oscilante
encadearam-se as coisas
com a palavra? Aí estavam os astros,
aí estavam, fugindo, do vazio
para o vazio, ocultos pela luz
como na sombra, tua palavra
amorosa me levanta.
Os dois nos desgarramos, nos construímos
na luz turbulenta.
Luz contra luz, grãos rotos
de luz, rochas largas de luz
que a luz, aqui embaixo,
com seus silêncios suaves,

edifica y abrasa.
Y la tarde es sagrada,
roja, dulce, perfecta.

edifica e abrasa.
E a tarde é sagrada,
vermelha, doce, perfeita.

Las Cuatro Estaciones

1

Queda el rumor del tiempo, tal vez
el eco del derrumbe o el polvo aquel
que aún se agita bajo la sombra espesa
de los álamos, un vaho geométrico,
imposible, algo podrido, nauseabundo,
la vida, el mar, su luz, una corona
encima de las aguas, quieta.
Sólo unas cuantas olas, sólo
un plomo que es plata, mineral, fundido,
sólo dos lágrimas, espuma tan lejana,
allá, donde se abaten pájaros en un final
glorioso. Mediodía mortal, de fuego
y agua. Nada se mueve en la techumbre
oscura de las aguas; Un eco del rumor:
yo mismo el tiempo, incrédulo,
sonámbulo. La luna en pleno día
recuerda un perro deshojado, una pupila
hueca. Sólo la espuma sangra
y el sol es la moneda que nadie puede

As quatro estações

1

Fica o rumor do tempo, talvez
o eco do abismo ou o pó
que ainda se agita sob a sombra espessa
dos álamos, um vapor geométrico,
impossível, metade podre, nauseabundo,
a vida, o mar, sua luz, uma coroa
em cima das águas, quieta.
Só umas poucas ondas, só
um chumbo que é prata, mineral, fundido,
só duas lágrimas, espuma tão longínqua,
lá, onde se abatem pássaros em um final
glorioso. Meio dia mortal, de fogo
e água. Nada se move no teto
escuro das águas. Um eco do rumor:
eu mesmo o tempo, incrédulo,
sonâmbulo. A lua em pleno dia
recorda um cão desfolhado, uma pupila
oca. Só a espuma sangra
e o sol é a moeda que ninguém pode

ver. Hundo la mano en esas aguas
puras. Extraigo líquenes, tragedias.
La memoria es la horca: de ella,
estrangulados, cuelgan los recuerdos.
Reviven ya los muertos. Si fuera
piedra el mar, la red del pescador,
¿para qué sirve? Si fuera sangre el mar.

Cargado de preguntas, echo una red
en esas aguas oscuramente atroces.
Los átomos, heridos ellos mismos,
presagian ya la sangre, la futura
sazón de la vid o la espiga.
La vértebra del tiempo
deshace un pez espada o edifica
el silencio. La imagen se repite
y la antigua película, una vez más,
nos muestra helechos y mandíbulas,
carne y quijadas, peces
y dientes poderosos.

Cuando los primeros signos del amanecer,
entonces, cuando un camión
en las calles vacías o un remoto chillido
de gaviotas, cuando la puerta ciega
de algún cuarto, aquí, vecino, o las olas

ver. Afundo a mão nas águas
puras. Extraio liquens, tragédias.
A memória é a forca: dela,
estrangulados, pendem as lembranças.
Revivem os mortos. Se fosse
pedra o mar, a rede do pescador,
para que serviria? Se fosse o mar sangue.

Carregado de perguntas, atiro uma rede
Nessas águas obscuramente atrozes.
Os átomos, eles próprios feridos,
já pressagiam o sangue, a futura
sazão da videira ou da espiga.
A vértebra do tempo
desfaz um peixe espada ou edifica
o silêncio. A imagem se repete
e a antiga película, uma vez mais,
nos mostra samambaias e mandíbulas,
carne e queijadas, peixes
e dentes poderosos.

Quando os primeiros signos do amanhecer,
então, quando um caminhão
nas ruas vazias ou um remoto berro
de gaivotas, quando a porta cega
de algum quarto, aqui, vizinho, ou as ondas

de luz, una tras otra, cuando los primeros
trazos de la sangre brotan y nubes altas,
la primera ausencia, la nostalgia y el sol
desnudo y el invierno y hambre. Hundo
otra vez las manos en el agua. Cuando
el ojo del pez, casi de hueso, cartílago
quizá, torpeza, miope, cuando busca
otro pez en la penumbra o atrapa
un calamar en la corriente opaca,
cuando construye él mismo, con su propio
cuerpo, la imagen más perfecta
de la muerte, su ojo de aserrín,
abierto, insomne, vidrio lleno de polvo
y nebuloso. Abajo está el rumor,
podrida permanencia del objeto.
Porque todo se altera. ¿La luz
acaso no penetra despacio, ella,
la criatura veloz, en el cuerpo
del árbol y se hace verde o se prodiga
en fuego, en luciérnagas turbias,
asustadas quizá por un oscuro
resplandor postrero?

Apareces entonces y derribas
la puerta. Es la congoja misma,
el floreciente pez en tránsito

de luz, uma após a outra, quando os primeiros
traços do sangue brotam e nuvens altas,
a primeira ausência, a nostalgia e o sol
desnudo e o inverno e fome. Afundo
outra vez as mãos na água. Quando
o olho do peixe, quase ósseo, cartilagem
talvez, torpeza, míope, quando busca
outro peixe na penumbra ou apanha
uma lula na corrente opaca,
quando constrói ele mesmo, com seu próprio
corpo, a imagem mais perfeita
da morte, seu olho de serradura,
aberto, insone, vidro cheio de pó
e nebuloso. Embaixo está o rumor,
fétida permanência do objeto.
Porque tudo se altera. A luz
por acaso não penetra vagarosamente, ela,
a criatura veloz, no corpo
da árvore, e faz-se verde ou se dissipa
em fogo, em pirilampos turvos,
assustados talvez por um obscuro
resplendor derradeiro?

Apareces então e derrubas
a porta. És a própria fadiga,
o florescente peixe em trânsito

devorando el oro líquido del plancton.

¿Cómo ve, qué sombra de plata

y luz lo atrae en contra de otro pez,

qué cetáceo inhumano lo devora?

Nunca inmóvil. Todo él sangre

desnuda y fría y vencidas raíces,

la soledad, el cerco, las paredes.

Tan lejos de tu voz, tan lejos.

Tan ausente tu cuerpo, sin objeto

mis ojos. Yo mismo un pez

en aguas de sombra y de ceniza

y un corredor vacío. Apenas ojos

torpes en la penumbra incierta,

en las paredes de aire. El podre

y el cobalto y el insomnio.

Otros muertos también, sí, hay otros

muertos. Entre los hombres paso

como piedras que arden. De todos

me separo. Amigos que murieron,

ilusiones destruidas, cada día

más lejana la acción y la delicia

de una muerte guerrera. La figura

del fuego y el deseo. El mar combate

entonces contra sus peces todos,

destruye sus organismos

devorando o ouro líquido do plâncton.
Como vê: que sombra de prata
e luz o joga contra outro peixe,
que cetáceo inumano o devora?
Nunca imóvel. Todo o sangue
desnudo e frio e raízes vencidas,
a solidão, o circuito, as paredes.
Tão longe de tua voz, tão longe.
Tão ausente teu corpo, sem objeto
meus olhos. Eu mesmo um peixe
em águas de sombra e de cinza
e um corredor vazio. Apenas olhos
torpes na penumbra incerta,
nas paredes de ar. O fétido
e o cobalto e o insone.

Outros mortos também, sim, há outros
mortos. Passo entre os homens iguais
a pedras que ardem. De todos
me separo. Amigos que morreram,
ilusões destruídas, cada dia
mais distante a ação e a delícia
de uma morte guerreira. A figura
do fogo e o desejo. O mar combate
então contra todos os seus peixes,
destrói seus organismos

amargos, vegetales. y en él se mueve
un pez muy alto. adentro de la cámara
de vidrio, engullendo un aire sucio,
a bocanadas, silencioso) abriendo
a voz de angustia la boca insomne,
por respirar ahora contra el mar,
para vivir en golpes de aire,
una, mil veces, mil veces mil
mil veces respirar y vivir,
mil veces mil, mil veces, mil.

2

Es la abundancia, la terca floración,
el húmedo graznido de las hojas, el rumor
vegetal y putrefacto, los helechos
junto a los musgos junto a la orquídea
junto a la planta parásita, parásita
también de otra parásita, el techo
abajo de otro techo abajo de otro techo
verde, ya negro de humedad e insectos
insistentes, y el río profundo que desciende
con árboles y frutos y cadáveres,
la vida, la selva oscura
en cuyas aguas verdes puede mirarse
una tranquila variedad, una muerte

amargos, vegetais. E nele se move
um peixe muito alto, dentro da câmara
de vidro, engolindo um ar sujo,
aos goles, silencioso, abrindo
a voz de angústia a boca insone,
para respirar agora contra o mar,
para viver em golpes de ar,
uma, mil vezes, mil vezes mil
mil vezes respirar e viver,
mil vezes mil, mil vezes, mil.

2

És a abundância, a teimosa floração,
o grasnado úmido das folhas, o rumor
vegetal e putrefato, as samambaias
junto aos musgos junto à orquídea
junto à planta parasita, parasita
também de outra parasita, o teto
embaixo de outro teto embaixo de outro teto
verde, negro de umidade e insetos
insistentes, e o rio profundo que desce
com árvores e frutos e cadáveres,
a vida, a selva escura
em cujas águas verdes pode-se ver
uma tranqüila variedade, uma morte

excesiva. Mediodía vegetal, lujoso,
extraño. Ahí estoy yo, soy otro fruto
del tiempo amargo que fermenta.
No hay luna aquí. Apenas dos, tres
gotas de sudorosa luz penetran
hasta esta gruta vegetal, caliente.
Hundo el machete en estos troncos
duros y mana el caucho igual que la memoria,
con esa misma obstinación, herida.
El porvenir se acuerda de la danza.
La cicatriz fugaz, la cuerda tensa,
el tucán que presagia la tesitura posterior del canto.
Hay aquí un tiempo que es memoria
de un tiempo por venir, por siempre sido.

Cuando los primeros signos del verano,
entonces, cuando se escucha una tremenda
y ya espantosa garganta criminal,
un río salido siempre de su cauce,
y la turbulencia espesa de las aguas
atraviesa la pared de mi cuarto
y desciende con un ímpetu brusco,
escucho aquí también el crecimiento
inquieto de los músculos, una tranquila
digestión nocturna. Todo es destino
aquí, todo es presente, los líquenes,

excessiva. Meio-dia vegetal, luxuoso,
estranho. Aqui estou eu, sou outro fruto
do tempo amargo que fermenta.
Não há lua aqui. Apenas duas, três
gotas de suada luz penetram
até esta gruta vegetal, quente.
Afundo o machado nestes troncos
duros e a borracha mana igual à memória,
com esta mesma obstinação, ferida.
O porvir se lembra da dança.
A cicatriz fugaz, a corda tensa,
o tucano que pressagia a tessitura posterior do canto.
Aqui há um tempo que é memória
de um tempo por vir, por sempre ter sido.

Quando os primeiros signos do verão,
então, quando se escuta uma tremenda
e espantosa garganta criminosa,
um rio saído sempre de seu leito,
e a turbulência espessa das águas
atravessa a parede de meu quarto
e desce com ímpeto brusco,
escuto aqui também o crescimento
inquieto dos músculos, uma tranqüila
digestão noturna. Tudo é destino
aqui, tudo é presente, os liquens,

los vermes, las consabidas algas
y los musgos. Hundo otra vez
la daga en estos árboles.
Cuando la lengua de la boa
calmadamente baja de los árboles,
cuando su cuerpo todo, rama casi también
pero de sangre, un vientre entero
en movimiento, cuando ese látigo
de escamas torturadas, frío,
antiguamente acecha y cae con lentitud,
relámpago ondulado, detenido,
silencioso, cuando desciende
omnímoda, terrible, construye al propio
tiempo una imagen certera de la muerte,
su puño destructor de siete metros,
esa tranquila obstinación
de anillos y rompe así, despacio,
el pulmón y las vértebras del tapir
enemigo y abre luego sus fauces
imposibles para tragarse al animal
completo, su látigo furor entra
en descanso y se duerme en el vaho
matinal. Abajo, en el pantano,
está una voz, el movimiento
animal de los objetos. Todo es
entonces combustión y oscura

os vermes, as conhecidas algas
e os musgos. Afundo outra vez
a adaga nestas árvores.
Quando a língua da jibóia
calmamente baixa das árvores,
quando seu corpo todo, também quase rama
mas de sangue, um ventre inteiro
em movimento, quando este açoite
de escamas torturadas, frio,
espreita e cai com lentidão,
relâmpago ondulado, detido,
silencioso, quando desce
ilimitado, terrível, constrói ao mesmo
tempo uma imagem certeira da morte,
seu punho destruidor de sete metros,
essa tranqüila obstinação
de anéis e rompe assim, vagarosamente,
o pulmão e as vértebras do tapir
inimigo e abre logo sua goela
impossível para ingerir o animal
por completo, seu látego furor entra
em descanso e dorme no vapor
matinal. Embaixo, no pântano,
está uma voz, o movimento
animal dos objetos. Tudo é
então combustão e escura

fauce que devora. La palmera
deglute al mineral sonoro,
el pequeño electrón de un modo orgánico se funde a otra
órbita más alta y destructiva, desde el helio
al oxígeno, al horno crematorio.
Tan fósil es el hueso o el sangrante
equidna y el microbio azul
hace morada en la herida del ciervo.

Apareces entonces en el quejido
torpe de la puerta, en esos goznes
que son también los propios goznes
de tu cuerpo, tu desgarrado, dulce,
recorrido cuerpo, tan lejos en verdad,
tan lejos. Yo mismo esa serpiente
dura que atrapa un animal y lo deglute.
Acuden los fermentos, salgo sucio del sueño.

La sombra espesa, entonces,
la serpiente, todo, inclusive
el cristal, en esa selva
de aflicción y espanto, en medio
de los ritmos vegetales, junto al estanque
turbio, entre las calles y el asfalto,
al lado de los árboles de caucho,
oscila, lucha y desarrolla y muere.

goela que devora. A palmeira
deglute o mineral sonoro,
o pequeno elétron de um modo orgânico funde-se em outra
órbita mais alta e destrutiva, desde o hélio
ao oxigênio, ao forno crematório.
Tão fóssil é o osso ou a sangrenta
serpente, e o micróbio azul
faz morada na ferida do cervo.

Apareces então no queixume
torpe da porta, nesses gonzos
que são também os próprios gonzos
de teu corpo, teu desgarrado, doce,
recorrido corpo, tão longe na verdade,
tão longe. Eu mesmo essa serpente
dura que pega um animal e o deglute.
Acodem os fermentos, saio sujo do sonho.

A sombra espessa, então,
a serpente, tudo, inclusive,
o cristal, nessa selva
de aflição e espanto, em meio
aos ritmos vegetais, junto ao tanque
turvo, entre as ruas e o asfalto,
ao lado das árvores de borracha,
oscila, luta e desabrocha e morre.

Estoy desnudo y tenso, con un hacha
en la mano, trabajando, golpeando
la memoria, puerta cegada y pura,
yo mismo ese cuchillo, yo mismo
la boa constrictor, fauce que devora
en la hojarasca,
una, mil veces, mil veces mil
mil veces, con lentitud y obstinación,
por vivir y comer, mil
veces mi mil veces, mil.

3

Apenas en el cielo derretido, dos
nubes a ras de tierra y sin destino
cierto, una extensión del polvo, sin medida,
las biznagas, tan sólo cinco plantas
esparcidas en el monte magro,
una liebre asombrosa, un venado
tal vez, y la tarántula, el escorpión
artero, las hormigas gigantes,
los coyotes, los animales pobres
empujados por el avance terco
de los hombres hasta el límite
último, la vida, este desierto
cobre en la memoria, la luz

Estou despido e tenso, com uma tocha
na mão, trabalhando, golpeando
a memória, porta cegada e pura,
eu mesmo essa faca, eu mesmo
a jibóia constritora, garganta que devora
na folhagem,
uma, mil vezes, mil vezes mil
mil vezes, com lentidão e obstinação,
por viver e comer, mil
vezes mil mil vezes, mil.

3

No céu derretido apenas duas
Nuvens ao rés da terra e sem destino
certo, uma extensão do pó, sem medida,
as bisnagas, tão somente cinco plantas
espargidas no monte magro,
uma lebre assombrosa, um veado
talvez, e a tarântula, o escorpião
astuto, as formigas gigantes,
os coiotes, os animais pobres
puxados pelo avanço teimoso
dos homens até o limite
último, a vida, este cobre
deserto na memória, a luz

que hecha metal delira. Mediodía
sin fronteras, seco, duro,
un viento y este polvo decisivos.
Ahí estoy yo, hecho un terrón
del tiempo, con la garganta ardida
a puñaladas. La luna es un coyote
ciego. Hundo el arado en esa tierra
airada. Extraigo hierbas, minerales
ciertos. Los fósiles tragados
por el ámbar, la sangre y su corriente
de amapolas. Aquí yace la muerte,
pero nace el idioma, está aquí
el español, sus consonantes,
la suave voz susurro, el poema
San Juan, esos colores ávidos
del Greco, todas las letras fricativas,
la luna palatal, el tiempo, el sacrificio.
Arriba, en la montaña, las aguas turbulentas,
dominadas. Abajo está la luz a borbotones,
dura. Se acerca la hora del panal,
el día del labrador, el vaticinio
exacto y el viñedo,
la floración risueña de la abeja.

Cuando la tarde entonces se reclina
en la nube mortal, cuando en mi cuarto

que, feita metal, delira. Meio-dia
sem fronteira, seco, duro,
um vento e este pó decisivos.
Aí estou eu, feito um torrão
do tempo, com a garganta a punhaladas
ardida. A lua é um coiote
cego. Afundo o arado nesta terra
irada. Extraio ervas, minerais
certos. Os fósseis tragados
pelo âmbar, o sangue e sua corrente
de papoula. Aqui jaz a morte,
mas nasce o idioma, está aqui
o espanhol, suas consoantes,
a suave voz sussurro, o poema
San Juan, essas cores ávidas
do Greco, todas as letras fricativas,
a lua palatal, o tempo, o sacrifício.
Em cima, nas montanhas, as águas turbulentas,
dominadas. Embaixo está a luz aos borbotões,
dura. Aproxima-se a hora do panal,
o dia do lavrador, o vaticínio
exato e o vinhedo,
a risonha floração da abelha.

Quando a tarde então se reclina
na nuvem mortal, quando em meu quarto

se estaciona un crepúsculo antiguo
y ronda un tigre por la cama opaca
y acosa mi garganta, la memoria
traiciona, te descubro en la sombra,
busco tu centro vegetal, nocturno,
hundo el arado en esa tierra amada.
Cuando ese tigre, entonces, se presenta
con su boca tremenda, destructora,
cuando mastica el cuerpo magro
del venado, él, implacable, solo,
en mitad de ese llano de cobalto,
edifica en pleno día, bajo este sol
salobre, una imagen nocturna
de la muerte. Acaso entonces
sus estrellas puras brillen un poco más
con esa sangre. Abajo está el silencio,
la estructura cristal de los objetos.
Porque todo se agita en una prisa
de carroñas puras. y los diamantes
mismos, por decirlo así, se pudren
y el hierro se derrite o grazna.

Apareces entonces en el eco de otro
eco perdido, recobrado ya en mí.
Tan ausente tu risa, tan lejos
toda tú, tan lejos. Yo mismo

se estaciona um crepúsculo antigo
e ronda um tigre pela cama opaca
e acossa minha garganta, a memória
trai, descubro-te na sombra,
busco teu centro vegetal, noturno,
afundo o arado nessa terra amada.
Quando esse tigre, então, se apresenta
com sua boca tremenda, destruidora,
quando mastiga o corpo magro
do veado, ele, implacável, só,
em metade deste planalto de cobalto,
edifica em pleno dia, sob este sol
salobro, uma imagem noturna
da morte. Talvez então
suas estrelas puras brilhem um pouco mais
com esse sangue. Embaixo está o silêncio,
a estrutura cristal dos objetos.
Porque tudo se agita em uma pressa
de puras carniças. E os diamantes
mesmos, por assim dizer, apodrece
e o ferro se derrete ou grasna.

Apareces então no eco de outro
eco perdido, já em mim recobrado.
Tão ausente teu sorriso, tão longe
tu toda, tão longe. Eu mesmo

el ciervo devorado, yo ese tigre
también de luz y de congoja.
Ya no puedo dormir, me yergo,
frío. Cuando la cama, pues,
la cama misma es un lecho de cactos
y se escucha en la calle el pavor
de mandíbulas y yo sólo recuerdo
el sol aquel, su llaga cierta,
cuando la cama toda se levanta
conmigo porque el insomnio mismo
la rebela, quiero tocarte
entre la luz y el polvo, como una abeja
azul, y es imposible.

La luz del occidente y la tarántula,
las hormigas guerreras que desarman
los élitros del grillo o el ojo seco
de la mosca que ve diez veces diez
el mismo objeto, se refugian adentro
de sus cuevas, cuando el silencio
entonces se retira adentro de los cactos
del desierto y el tigre duerme
junto a la carne seca de su víctima,
ahí, en ese mismo espacio abierto
por los vientos, estoy también,
enterrando el arado, tocándote

o cervo devorado, eu esse tigre
também de luz e de fadiga.
Já não posso dormir. Ergo-me,
frio. Quando a cama, pois,
a cama mesma é um leito de cactos
e se escuta na rua o pavor
de mandíbulas e eu só recordo
aquele sol, sua chaga certa,
quando a cama toda se levanta
comigo, porque o próprio insone
a rebela, quero tocar-te
entre a luz e o pó, como uma abelha
azul, e é impossível.

A luz do ocidente e a tarântula,
as formigas guerreiras que desarmam
os élitros do grilo ou o olho seco
da mosca que vê dez vezes dez
o mesmo objeto, refugiam-se dentro
de suas covas, quando o silêncio
então se retira dentro dos cactos
do deserto, e o tigre dorme
junto à carne seca de sua vítima,
aí, nesse mesmo espaço aberto
pelos ventos, estou também,
enterrando o arado, tocando-te

sensual, furiosamente, masticando,
una, mil veces, mil veces mil
mil veces trabajar y vivir,
mil veces mil mil veces, mil.

4

Sólo el desnudo espacio, un agua casi
luz que apoya sus pies apenas de aire
en las piedras magníficas, lejanas,
o que asciende, jadeante, como un silbido
gris entre los pinos, un cielo ya metal,
muy claro, sólo un abierto pozo de sonrisas,
transparente, un frío geométrico, terrible,
algo que muere y se conserva, siempre,
la vida, la cordillera en cuya piel
añeja vibra la más serena agitación.
Sólo unas cuantas, imposibles
gotas de luz contra las piedras
degolladas, aullando más allá,
en la nieve, sólo dos aves solitarias
en el techo altísimo, buscando inútil,
lentamente, un animal, su sangre. Mediodía
feroz, de luz y piedras. Nada se mueve
en ese espacio abierto por el fuego.
Ni nubes hay siquiera, ni horizonte:

sensual, furiosamente, mastigando,
uma, mil vezes, mil vezes mil
mil vezes trabalhar e viver,
mil vezes mil mil vezes, mil.

4

Só o espaço desnudo, uma água quase
luz que apóia seus pés de ar
nas pedras magníficas, distantes,
ou que levantam um céu, ofegante, como um assovio
cinza entre os pinos, um céu já metal,
muito claro, só um poço aberto de sorrisos,
transparente, um frio geométrico, terrível,
algo que morre e se conserva, sempre,
a vida, a cordilheira em cuja pele
anexa vibra a mais serena agitação.
Só umas poucas, impossíveis
gotas de luz contra as pedras
degoladas, uivando por aí,
nas neva, só duas aves solitárias
no teto altíssimo, inutilmente buscando,
lentamente, um animal, seu sangue. Meio-dia
feroz, de luz e pedra. Nada se move
no espaço aberto para o fogo.
Nem nuvens há sequer, nem horizonte:

todo es abierto y decisivo y blanco.
Aquí yazgo destruido, fruto tal vez
de un tiempo mineral y antiguo.
Es tan claro el destino, tan fuerte
la mirada de esta luz, tiesa
de frío. La luna es una pupila
congelada. Hundo herramientas
en la roca turbia, extraigo cuerpos,
minerales puros. Se escucha aquí
ya el eco, el golpe de los cuerpos
degollados, rodando abajo, contra
la escalinata de los templos, el ruido
que produce el casco del caballo
cuando aplasta un cráneo, ese sonido
sordo de la sangre cuando la bebe el sol
a cambio de agua, en Tulum y en Chichén,
en Texcoco y Kabah, en Tzintzuntzan
y en México. Es Tonatiuh feroz.
Al matar, me yergo. El hijo
del guerrero busca con una lanza
acaso la verdad antigua
para entrar en posesión más cierta
de su objeto. Ese combate lo construye,
entero. Tal edad de los héroes
está cerca, verdad, verdad oscura así
la del martillo.

Tudo é aberto e decisivo e branco.
Aqui jazo destruído, fruto talvez
De um tempo mineral e antigo.
É tão claro o destino, tão forte
a mirada desta luz, rija
de frio. A luz é uma pupila
congelada. Afundo ferramentas
na rocha turva, extraio corpos
degolados, rodando embaixo, contra
a escadaria dos templos, o ruído
que produz o casco do cavalo
quando esmaga um crânio, esse som
surdo do sangue quando o sol o bebe
em vez de água, em Tulum e em Chichén,
em Texcoco e Kabah, em Tzintzuntzan
e no México. É Tonatiuh feroz.
Ao matar, ergo-me. O filho
do guerreiro busca com uma lança
talvez a verdade antiga
para entrar em posse mais certa
de seu objeto. Esse combate o constrói,
inteiro. Tal idade dos heróis
está próxima, é verdade, verdade assim obscura
a do martelo.

Cuando las primeras sombras
de la noche, entonces,
cuando en las calles se anuncia
el estropicio, y todo mundo
abandona la oficina o la fábrica,
y los parques y los edificios
se vacían lentamente y una multitud
de nubes viene a cubrir la espesa
luz nocturna, vuelvo hacia el núcleo,
la raíz, hacia ti vuelvo. Escarbo
el horizonte. Encuentro ya el residuo,
la memoria. Cuando el águila arpía,
que volaba como un punto de sal
en la distancia, con sus garras
siniestras, amarillas, descubre
ese otro punto en la floresta,
el cordero pascual, y se abalanza
con la prisa del hambre, con la tensión
exangüe de sus alas, e iza
hacia el nido altísimo su víctima
y la suelta desde ese cielo inmaculado,
calmo, para que los huesos se quiebren
con un ruido espantoso y despedaza
luego la yugular, el pecho,
el intestino y come, vorazmente
come, edifica la imagen decisiva

Quando as primeiras sombras
da noite, então,
quando nas ruas se anuncia
o estropício, e todo mundo
abandona a oficina ou a fábrica,
e os parques e os edifícios
se esvaziam lentamente, e uma multidão
de nuvens vem cobrir a espessa
luz noturna, volto para o núcleo,
a raiz, volto para ti. Escavo
o horizonte. Encontro já o resíduo,
a memória. Quando a águia cruel,
que voava como um ponto de sal
na distância, com suas garras
sinistras, amarelas, descobre
esse outro ponto na floresta,
o cordeiro pascoal, e se arremessa
com a pressa da fome, com a tensão
exangüe de suas asas, e iça
até o ninho altíssimo sua vítima
e a solta lá do céu imaculado,
calmo, para que os ossos se quebrem
com um ruído espantoso, e despedaça
logo a jugular, o peito,
o intestino, e come, vorazmente
come, edifica a imagem decisiva

de la muerte. Adentro de la tierra
está el dolor, la causa, el origen
tal vez, o las escorias,
la estructura vital de los objetos.
    ¿Pues si nosotros, quienes hoy cantamos,
fuéramos encontrados, serenos ya,
petrificados en la lava,
o nos devorara un animal continuo?

Apareces entonces en las calles.
Es el negro fugaz de una mirada,
un cabello ya herido en la memoria
y su juego de espejos. Un pájaro
atraviesa el cielo gris del cuarto.
Tan lejos de tu piel, tan lejos.
Yo mismo ese cordero torpe,
devorado. La escoria acude
y el deseo del sueño.

La luz inquieta se destroza entonces
en las piedras, queda
ya helada en esta altura grave.
No hay distancia entre el criminal
y su víctima, también él se aniquila
y un gusano de espanto se instala
en su conciencia y roe. Escarbo

da morte. Dentro da terra
está a dor, a causa, a origem
talvez, ou as escórias,
a estrutura vital dos obejtos.
Pois, se nós, que hoje cantamos,
fôssemos encontrados, estaríamos serenos,
petrificados na lava,
ou nos devorara um animal contínuo?

Apareces então nas ruas.
É o negro fugaz de sua mirada,
Um cabelo ferido na memória
e seu jogo de espelhos. Um pássaro
atravessa o céu cinza do quarto.
Tão longe de tua pele, tão longe.
Eu mesmo esse cordeiro trôpego,
devorado. Acode a escória
e o desejo do sonho.

A luz inquieta então se destroça
nas pedras, fica
gelada nesta altura grave.
Não há distância entre o criminoso
e sua vítima, ele também se aniquila
e um verme de espanto se instala
na consciência, e rói. Investigo

entonces, dije, en esas piedras.
Destruyo los objetos, interpongo
mis manos, un martillo, otro sílex
quizá, o la dinamita, un punto muerto,
no, un punto vivo, un medio vivo
entre la piedra y yo, me despedazo.
Es la derrota oscura de las aguas.
Un animal metálico perfora
la gruta eléctrica en el fondo
del cerro. y en ese espacio
inmóvil se mueve un pájaro rapaz,
un organismo hecho por siempre
de raíces, golpeando el aire,
la montaña, con un martillo
trágico, para vivir ahí, en esa altura,
engullendo ese aire escaso, escarbando
una, mil veces, mil veces mil
mil veces, con un golpe continuo
de herramientas, por vivir y luchar,
para construir la vida, y para amar,
y la turba risueña de los niños
atacada por los golpes obscenos
de la muerte, y la delicia
de tu piel y la serena
lucha una vez más y siempre,
mil veces mil mil veces, mil.

então, disse, nessas pedras.

Destruo os objetos, interponho
minhas mãos, um martelo, um sílex
talvez, ou o dinamite, um ponto morto,
não, um ponto vivo, um meio vivo
entre a pedra e eu, me despedaço.
É a derrota obscura das águas.

Um animal metálico perfura
a gruta elétrica no fundo
do cerro, e neste espaço
imóvel se move um pássaro rapaz,
um organismo sempre feito
de raízes, golpeando o ar,
a montanha, com um martelo
trágico, para viver aí, nessa altura,
engolindo esse ar escasso, escavando
uma, mil vezes, mil vezes mil
mil vezes, com um golpe contínuo
de ferramentas, por viver e lutar,
para construir a vida, e para amar,
e a turba risonha dos meninos
atacada por golpes obscenos
da morte, e a delícia
de tua pele e a serena
luta uma vez mais e sempre,
mil vezes mil mil vezes, mil.

Título	Animal de Silêncios
Autor	Jaime Labastida
Produção editorial	Ricardo Assis
Capa	Ricardo Assis
Projeto gráfico	Adriana Komura
Editoração eletrônica	Adriana Komura
Revisão de texto	Ateliê Editorial
Formato	14 x 21 cm
Tipologia	Adobe Janson
Papel	Pólen rustic areia 85 g/m2 (miolo)
	Cartão supremo 250 g/m2 (capa)
Número de páginas	236
Impressão e Acabamento	Lis Gráfica